Globalisierung und Digitalisierung

Dear Annabel

It was great to have met at the
EURAM-conference and now I appreciate
to staying in contact.

Best wishes

[signature]

Winterthur, 1 December 2022

Stephan Bergamin · Markus Braun
Bruno Glaus

Globalisierung und Digitalisierung

Erfolgsstrategien und Toolbox für CEOs
und Topmanager

Stephan Bergamin
Männedorf, Schweiz

Bruno Glaus
CYLAD Experts
Pfäffikon SZ, Schweiz

Markus Braun
ZHAW School of Management and Law
Winterthur, Schweiz

ISBN 978-3-662-61966-7   ISBN 978-3-662-61967-4 (eBook)
https://doi.org/10.1007/978-3-662-61967-4

Die Deutsche Nationalbibliothek verzeichnet diese Publikation in der Deutschen Nationalbibliografie; detaillierte
bibliografische Daten sind im Internet über http://dnb.d-nb.de abrufbar.

Springer Gabler

Springer Gabler ist ein Imprint der eingetragenen Gesellschaft Springer-Verlag GmbH, DE und ist ein Teil von
Springer Nature.
Die Anschrift der Gesellschaft ist: Heidelberger Platz 3, 14197 Berlin, Germany

Vorwort

Doris Leuthard, Alt-Bundesrätin, Stiftungsratspräsidentin Swiss Digital Initiative SDI

Die Weltengemeinschaft steht vor großen Herausforderungen: Die Corona-Pandemie ist nicht nur eine humanitäre Katastrophe, sondern wird auch wirtschaftlich tiefe und lang andauernde Spuren hinterlassen. Dies bedeutet für viele Unternehmen einen Rückgang der Auftragslage, das Risiko, Mitarbeitende entlassen zu müssen, in Liquiditätsengpässe zu geraten, die Lieferketten zu stabilisieren und anzupassen, richtig zu reagieren, wenn die Restriktionen gelockert werden. Je nach Sektor werden die Maßnahmen unterschiedlich ausfallen. Was für alle gilt: Globalisierung und Digitalisierung werden weiterhin zentrale Faktoren sein für den wirtschaftlichen Erfolg.

Das Buch erörtert vor allem, wie digitale Zielbilder entwickelt werden. Wie darauffolgende Transformationsprozesse aussehen, geplant und umgesetzt werden. Wie Mitarbeitende motiviert werden für die Transition, und wie neue Geschäftsmodelle im regionalen bis globalen Kontext funktionieren.

Das Buch als Anleitung für die Zukunft kommt im richtigen Moment. Die Schweiz mit ihren vielen Unternehmen kleinerer und mittlerer Größe nebst den Multis ist grundsätzlich gut aufgestellt. Zahlreiche Unternehmen haben bereits während der Finanzkrise 2008 bewiesen, wie sie agil, schnell und zielgerichtet Chancen erkennen und sich neu orientieren und anpassen können. Die Schweiz war eines der wenigen Länder, die damals gestärkt und sogar mit weniger Schulden aus der Krise herausgefunden haben – dank Unternehmergeist und Innovation. Die aktuelle Lage gibt daher Hoffnung, dass es auch dieses Mal wieder klappen könnte, auch wenn der Aufschwung wohl länger auf sich warten lassen wird.

Daten sollen das neue Gold sein. Nicht alle Daten sind dabei gleich wichtig und auch gleich schützenswert. Zweifelsfrei aber spielen sie eine große Rolle im Umgang mit jedem Geschäftsmodell. E-Commerce, digitale Services, der Einsatz von künstlicher Intelligenz, die Optimierung von Prozessen durch Robotics, 3-D-Druck – das alles dürfte durch die Corona-Lockdowns eine Beschleunigung erfahren. Wir alle haben schmerzlich realisiert,

wie wichtig eine funktionierende und mit großer Kapazität ausgerüstete digitale Infrastruktur ist, wie wichtig digitale Netze, Online-Plattformen und internetbasierte Kommunikation sind. Hier muss die Schweiz noch aufrüsten, und dies gilt auch für einen großen
Teil der KMU. Jetzt ist der Moment umzustellen, sich weiterzubilden, zu handeln. Menschen gewöhnen sich rasch an neue Bestellformate, neue Liefermodelle, neue Services.
Jetzt sollten CEO und Geschäftsleitung über ihr aktuelles und künftiges Geschäftsmodell
nachdenken und die Weichen richtig stellen.

Big Data wird zentral sein. Dabei ist es gerade für europäische Unternehmen wichtig,
sich bei der Entwicklung neuer Apps, Services oder Plattformen an etablierten Werten zu
orientieren, wie Transparenz, Sicherheit, Zuverlässigkeit, ethische Grundsätze, Fairness.
Damit können wir uns auch abgrenzen gegenüber den chinesischen oder amerikanischen
Vorstellungen. Hier setzt auch die SDI an, die breit von der Wirtschaft, Wissenschaft und
Zivilgesellschaft unterstützt wird. Nur so werden langfristig Menschen diese digitalen
Dienste akzeptieren, nur so werden wir Vertrauen für die notwendigen Transformationen
schaffen. Ich danke den Autoren für ihre wertvollen Hilfestellungen und Ratschläge und
die praktischen Tipps und Erfahrungen der Unternehmer, die sich geäußert haben.

Ich wünsche Ihnen Freude und Inspiration beim Lesen und Lust darauf, das Neue
anzupacken!

Inhaltsverzeichnis

Über die Autoren

Dr. Stephan Bergamin Chief Financial Officer, VAT Group AG

Stephan Bergamin ist CFO der VAT Group AG, des weltweit führenden Anbieters von Vakuumventilen und Vakuumkomponenten. Er blickt auf eine über 20-jährige CFO-Laufbahn zurück und war Group CFO bei Gearbulk Group, Goldbach Group und Steiner Group. Er verfügt über langjährige fundierte Erfahrungen im Transformation-Management und digitaler Transformation im globalen Kontext in verschiedenen Industrien, als CFO und stellvertretender CEO. Nach dem Start seiner Karriere im Bereich Corporate Finance bei der Credit Suisse arbeitete er in verschiedenen Finanzpositionen bei der Swissair Group.

Stephan Bergamin studierte Betriebswirtschaft an der Universität St. Gallen (HSG). Er ist Doktor der Wirtschaftswissenschaften der Universität St. Gallen (HSG) und hält einen AMP der Harvard University, Boston (USA). Er ist Autor und Dozent an verschiedenen Bildungseinrichtungen und ist als Verwaltungsrat tätig. Zu seinen Publikationen zählen: *Change Management & Transformation Management* (2018, unveröffentlichtes Manuskript), *Mergers & Acquisitions: Erfolg dank Integrationsmanagement* (englische Ausgabe 2018, deutsche Ausgabe 2015), *Bestellerkompetenz Facility Management. Strategie – Organisation – Prozesse* (2015), *Der Fremdverkauf einer Familienunternehmung im Nachfolgeprozess. Motiv – Vorgehenskonzept – Externe Unterstützung* (1995).

Dr. Markus Braun Dozent für Internationales Management, ZHAW School of Management and Law

Markus Braun ist seit 2013 Dozent an der ZHAW Zürcher Hochschule für Angewandte Wissenschaften, School of Management and Law. Seine Forschungsschwerpunkte sind Internationales Management, Mergers und Acquisitions sowie Business in Emerging Markets. Er unterrichtet in der Weiterbildung und in konsekutiven Studiengängen. Er führt mit ZHAW-Studierenden jährlich eine Studienreise nach China und Südostasien durch. Davor war er Leiter des Corporate Office der mit Schwerpunkt in Asien tätigen Diethelm Keller Gruppe, CFO und stellvertretender CEO der Nuance Group sowie in Führungs- und Finanzpositionen bei Novartis/ Ciba-Geigy in den USA, Singapur und in der Schweiz tätig. Er ist Spitalrat der Psychiatrischen Universitätsklinik Zürich und Beirat des Center for Corporate Responsibility and Sustainability, Zürich.

Markus Braun studierte Betriebswirtschaft an den Universitäten St. Gallen und Basel. Er ist Doktor der Wirtschaftswissenschaften der Universität Basel und hält einen AMP der INSEAD, Fontainebleau (F). Zu seinen Veröffentlichungen gehören: *M&A am Schnittpunkt digitaler und globaler Wechselwirkung* (2019), *Renminbi-Hub Schweiz: Enttäuschte Hoffnungen?* (2019), *Banking Transactions in Switzerland and China* (2018), *Mergers & Acquisitions: Erfolg dank Integrationsmanagement* (englische Ausgabe 2018, deutsche Ausgabe 2015).

Dr. Bruno Glaus Gründer und Managing Partner, CYLAD Experts

Bruno Glaus ist Managing Partner des international tätigen Beratungs- & Interim- Managementunternehmens CYLAD Experts.

Zu seinen Kernkompetenzen gehören die Gestaltung und Umsetzung von Performancestrategien, Organisationen und Prozessen. Er begleitet komplexe Strategie- und Reorganisationsprojekte in den Bereichen Komplexitätsreduktion und Innovationsmanagement.

Bruno Glaus ist Präsident des Verwaltungsrates der Zeppelin International AG und Vizepräsident des Verwaltungsrates der Spitalregionen des Kantons St. Gallen sowie Mitglied in mehreren Verwaltungsräten. Bruno Glaus war davor Mar-

ketingleiter, Business-Unit-Leiter und Leiter einer Vertriebs-
organisation bei Hilti, Schaan, und verfügt über langjährige
Beratungserfahrung bei McKinsey & Co. und HPO AG. Bruno
Glaus studierte Betriebswirtschaft an der Universität St. Gal-
len (HSG). Er ist Doktor der Wirtschaftswissenschaften der
Universität St. Gallen (HSG).

Interviewpartner

Die Autoren danken den folgenden Personen für ihre wertvollen Beiträge, ohne welche dieses Buch nicht zustande gekommen wäre. Die Interviews fanden zwischen März 2018 und November 2019 statt.

Jörg Arnold, Hotel Storchen und Widder Hotel, Zürich,
ist seit 2006 General Manager Hotel Storchen, Zürich, und seit 2020 auch General Manager Hotel Widder, Zürich. Zuvor war Jörg Arnold Assistant Manager Hotel Storchen und hatte Führungspositionen in weiteren Hotels inne. Jörg Arnold besuchte die High School in Indianapolis, USA. Nach der Matura in der Schweiz absolvierte Jörg Arnold die Hotelfachschule in Lausanne. Jörg Arnold ist Mitglied des Beirats der Hotelfachschule Lausanne, Mitglied des Vorstands von HotellerieSuisse, Präsident des Zürcher Hotelverbands und Vorstandsmitglied von Zürich Tourismus.

Boris Brunner, SIX Banking Services, Zürich,
arbeitet seit 2014 bei SIX. Zunächst als Mitglied der Geschäftsleitung der Tochtergesellschaft SIX Interbank Clearing AG. Seit 2018 leitet er den Bereich Account & Partner Management, welcher den Vertrieb und das Relationship-Management zu den Banken und Softwarepartnern sicherstellt. Zudem verantwortet er die Öffentlichkeitsarbeit und damit die Beziehung zu Verbänden, öffentlicher Verwaltung und Industriegremien. Zuvor war er in verschiedenen Managementpositionen bei Ciba-Geigy, dem Schweizerischen Bankverein und bei UBS tätig.

Reto Conrad, Coop, Basel,
ist Mitglied der Geschäftsleitung der Coop-Gruppe, seit 2012 zuerst in der Funktion als Leiter der Direktion Finanzen/Services und seit 2016 als Leiter der Direktion Informatik/Produktion/Services. Zuvor war er CFO und Mitglied der Konzernleitung von Emmi Holding AG in Luzern und von Bachem Holding AG in Bubendorf sowie in verschiedenen Funktionen bei PwC und UBS in Basel und San Francisco tätig.

Ranijt de Sousa, Lee Hecht Harrison, Zürich,
ist Präsident von Lee Hecht Harrison und leitet das globale Team von Lee Hecht Harrison, einschließlich Vertrieb, Strategie, Serviceinnovation und Kundenservice. Er verantwortet die Wachstums- und Diversifizierungspläne von Lee Hecht Harrison. Davor war er für die Adecco Group und Lee Hecht Harrison in Zürich, Paris (2006–2007) und New York (2008–2009) tätig. Zuvor arbeitete er als Partner und Strategieberater in renommierten Beratungsunternehmen. Ranjit de Sousa hat einen M.A.-Abschluss (lic. publ.HSG) in Wirtschafts-, Rechts- und Politikwissenschaften von der Universität St. Gallen (HSG) und studierte am Institut Universitaire de Hautes Études Internationales in Genf (HEI).

Peter Gerstmann, Zeppelin Gruppe, Friedrichshafen,
ist CEO des multinationalen Zeppelin Konzerns, dessen Wurzeln auf den Luftschiffpionier Ferdinand Graf von Zeppelin zurückreichen. Er studierte Betriebswirtschaft in Köln und bekleidete verschiedene Positionen im Finanzbereich und Controlling, bevor er im Jahr 2000 zum Zeppelin Konzern kam. Dort restrukturierte er erfolgreich den internationalen Bereich des Anlagenbaus und wurde 2010 zum CEO des Konzerns ernannt. Die Verbindung traditioneller Werte mit der digitalen Transformation sieht er als Hauptaufgabe eines CEO, und er sichert damit die Zukunft des Zeppelin Konzerns.

Florian Graf, MSc Absolvent (2018), ZHAW School of Management and Law,
schrieb seine Masterarbeit in Zusammenarbeit mit der Bucherer-Gruppe über den Konsolidierungstrend (M&A) in der Luxusuhrenbranche. Danach arbeitete er bei IWC Schaffhausen im Digital Marketing und ist nun bei T&N, einem IT-Unternehmen, für das Branding und die neue Webseite verantwortlich.

Claudia Pletscher, Schweizerische Post, Bern,
ist Mitglied der erweiterten Konzernleitung und leitet seit 2014 den Bereich Entwicklung und Innovation der Post CH AG. Als Plattform für zukunftsweisende Entwicklungen unterstützt diese Geschäftseinheit die Post dabei, ihr Kerngeschäft im Sinne der Vision einer digitalen Welt zu transformieren. Sie sitzt im Verwaltungsrat der Metall Zug AG und der Swiss Sign Group AG. Zuvor war sie in mehreren Funktionen bei IBM tätig.

Andreas Schöni, SIX Banking Services, Zürich,
ist Leiter Relationship and Business Management bei SIX Banking Services. Vor seiner Tätigkeit bei der Schweizer Börse bekleidete Andreas Schöni Führungsfunktionen bei der Zürcher Kantonalbank und bei der UBS.

Andreas Züllig, Hotel Schweizerhof, Lenzerheide,
ist seit 1991 Gastgeber und Eigentümer des Hotel Schweizerhof auf der Lenzerheide. Andreas Züllig ist auch Präsident von HotellerieSuisse, Vorstandsmitglied von economiesuisse und dem Schweizerischen Gewerbeverband.

Prof. Dr. Gregor Zünd, Universitätsspital, Zürich (USZ),
bekleidet seit April 2016 das Amt des Vorsitzenden der Spitaldirektion und CEO des USZ. Gregor Zünd studierte Medizin
an der Universität Bern. Seine klinischen und wissenschaftli-
chen Erfahrungen erwarb er sowohl in der Schweiz als auch
als „Research Fellow" am Texas Medical Center in Houston
und am Children's Hospital und Brigham and Women's
Hospital an der Harvard Medical School in Boston, USA. Im
Jahre 1997 habilitierte er im Fach Herz- und Gefäßchirurgie
an der Universität Zürich. 2008 wurde er am Universitätsspital Zürich (USZ) zum Direktor Forschung und Lehre ernannt.
In dieser Funktion leitete er die Forschungs- und Lehrtätig-
keit am USZ und betreute die Schnittstellen zur Universität Zürich.

Abbildungsverzeichnis

Digital Business Transformation als Herausforderung

Zusammenfassung

Das Buch zeigt die Chancen und Herausforderungen der digitalen Businesstransformation auf. Die im Buch dargestellte Digital-Business-Transformation-Matrix unterstützt Unternehmungen, welche sich systematisch mit dem digitalen Transformationsmanagement auseinandersetzen. Die Matrix schärft das Verständnis für die digitalen und globalen Anforderungen, fördert das Zusammenspiel dieser zwei Aspekte und stellt eine Plattform für die Weiterentwicklung der Unternehmen dar. Die Megatrends Digitalisierung und Globalisierung werden untersucht. Die Recherchen zu diesem Buch fallen mit der Corona-Krise zusammen, welche die beiden Megatrends Digitalisierung und Globalisierung verstärken wird.

Die Analysen zu diesem Buch zeigen die entscheidenden Faktoren für die strategische Ausgangslage und für die Weiterentwicklung eines Unternehmens auf. Zum einen ist es ausschlaggebend, wie das Geschäftsmodell auf der digitalen Skala positioniert ist. Zum zweiten ist es der geografische Footprint des Unternehmens im Vergleich zur Konkurrenz.

1.1 Die Trends Globalisierung und Digitalisierung

„Globalisierung" und „Digitalisierung" sind zwei allgegenwärtige Themen und Begriffe. Die Rezeption der beiden Begriffe ist dabei auffallend vielschichtig.

Es gibt Menschen mit einer Abwehrhaltung, einer Abneigung diesen Themen gegenüber. Die Globalisierung wird vielfach mit gesichtslosem Wachstum, Verschiebung von Arbeitsplätzen in Billiglohnländer und Heimatverlust in Verbindung gebracht. Mit dem

Begriff der Digitalisierung kommen Bedenken betreffend Privatsphäre, persönliche Datenhoheit und Marktkonzentration auf. Es gibt neben den ausgeprägten Skeptikern und Zweiflern auch die Ich-weiß-nicht-recht-Fraktion. Aber es gibt auch immer mehr Interessierte, Neugierige, Innovationshungrige und digitale Start-up-Unternehmer. Und es gibt die Millenniumgeneration, welche die digitalen Kommunikations- und Konsumkanäle so selbstverständlich nutzt, als hätte es nie eine rein analoge Welt gegeben. Nur einer bestimmten Personengruppe begegnet man im Zusammenhang mit den Themen „Globalisierung" und „Digitalisierung" hingegen kaum: den Gleichgültigen.

Kein Wunder, denn in den beiden Bereichen der Globalisierung und der Digitalisierung gab es in letzter Zeit beachtliche Aktivitäten, die sowohl aus unternehmerischer als auch aus gesellschaftlicher Sicht niemanden unberührt lassen. Ein Beispiel: Schweizer Konzerne mit globalem Footprint haben in den letzten fünf Jahren branchenunabhängig eine erstaunliche Anzahl Mega-M&A-Transaktionen abgeschlossen:

- Holcim und Lafarge fusionierten 2014 zum weltgrößten Zementhersteller.
- Syngenta wurde 2016 für 44 Milliarden Schweizer Franken von der chinesischen ChemChina übernommen.
- Novartis führte die Augenheilsparte Alcon an die Börse.
- Nestlé verkaufte die Hautpflegesparte für zehn Milliarden Schweizer Franken an ein Käuferkonsortium unter der Führung der Beteiligungsfirma EQT und kaufte im Gegenzug von Starbucks die weltweiten Vertriebsrechte für Kaffee sowie eine Serie von Firmen im Healthy-Food-Bereich.
- ABB trat die Netzwerksparte an Hitachi ab und stärkt den Geschäftsbereich Robotik und Fertigungstechnologie.

Die strategischen Treiber für diese Megadeals sind Kostensynergien, die Erschließung von Märkten und Technologiegewinne. Neu ist die akquisitionsindizierte Geschäftsfokussierung auf eine gewählte Kernsparte: Zement für LafargeHolcim, Nahrungsmittel für Nestlé, Pharma für Novartis und Robotik für ABB.

In die Zeit zwischen den Recherchen zum Buch und Drucklegung fällt die Corona-Pandemie. Diese Krise wird den unternehmerischen und gesellschaftlichen Diskurs und die Transformation in Bezug auf die Digitalisierung und Globalisierung weiter prägen. Es wird Zeit brauchen, bis globale Lieferketten nach den verfügten Grenzkontrollen wieder einwandfrei funktionieren. Wertschöpfungsketten werden in Zukunft robuster und redundanter aufgestellt sein. Erzwungene Homeoffices aufgrund staatlich verordneter sozialer Distanzierungsmaßnahmen, jederzeit verfügbarer E-Commerce, bargeldloses E-Banking und Telemedizin werden der digitalen Transformation einen enormen Schub geben. Durch die Corona-Krise wird das digitale Transformationsmanagement für viele Unternehmen eine noch höhere Priorität erhalten.

Dieses Buch zeigt die Chancen und Herausforderungen der digitalen Businesstransformation auf. Die Autoren führten Interviews mit CEOs und Topmanagern von Schweizer Unternehmen in neun Branchen. Auf der Basis dieser Interviews und konkreter Fallbeispiele wird das digitale Transformationsmanagement untersucht. Die von den Autoren entwickelte Digitale Transformationsmatrix dient der Positionierung der Unternehmen heute und in der Zukunft. In der Synthese der branchenspezifischen Fallstudien und der digitalen und globalen Herausforderungen wird abschließend eine Toolbox für CEOs und Topmanager vorgeschlagen, um die digitale Transformation erfolgreich zu planen und umzusetzen.

In dieser Publikation wird der Einfachheit halber nur die männliche Form verwendet. Die weibliche Form ist selbstverständlich immer mit eingeschlossen.

1.1.1 Digitale Kundenbedürfnisse als Treiber der Geschäftsfokussierung

Ein Blick auf den weltweiten Bestand von Smartphone-Anschlüssen zeigt die rasante digitale Entwicklung (Abb. 1.1). In fast allen Ländern haben heute die Konsumenten mobilen Zugang zu universellen Realtime-Informationen.

Die digitalen Informations- und Transaktionsmöglichkeiten der Konsumenten führen zu folgenden Trends, welche Anpassungen in den Geschäftsmodellen der Firmen nach sich ziehen:

- die globale Realtime-Verarbeitung und Nutzung von Big Data für Konsum- und Marketing-, aber auch für Sicherheitszwecke,
- die schnell wachsende Bedeutung der Kundengruppe der Millennials mit ihren Online-Kommunikations- und -Konsumpräferenzen,
- die Sharing Economy und
- der direkte digitale Kundenkontakt der Firmen unter Ausschluss des Zwischenhandels.

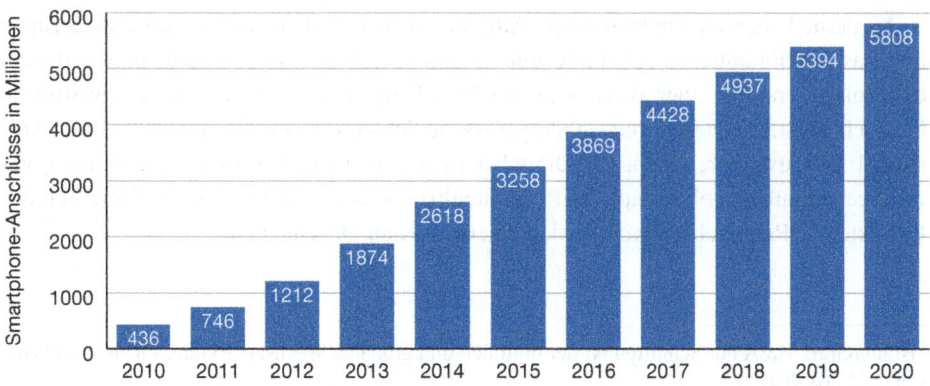

Abb. 1.1 Weltweiter Bestand an Smartphone-Anschlüssen von 2010 bis 2020 (in Millionen). (Quelle: GSMA Intelligence, Statista 2019; mit freundlicher Genehmigung von © GSMA Intelligence, Statista 2019. All Rights Reserved)

Die Überführung eines analogen Geschäftsmodells in ein digitales ist ein aufwendiges, komplexes und teures Unterfangen. Denn die Digitalisierung eines Unternehmens erfordert diverse Investitionen: einerseits in die Technologie, oft durch den Erwerb eines passenden Start-up-Unternehmens, andererseits in den Markt. Immer mehr Kundinnen und Kunden wollen einfach, schnell und direkt auf den neuen digitalen Kanälen angesprochen werden. Ein digitales Geschäftsmodell steigert die Transparenz und erhöht damit den Margendruck. Das allerdings bringt es mit sich, dass im digitalen Konkurrenzkampf gilt: „The winner takes it all."

Der Weg vom digitalen Start-up bis zum Marktführer bedingt in aller Regel eine ertragsschwache Geschäftsphase mit hohen Investitionen in Markt und Technologie. Das zeigen prominente Beispiele wie Amazon in den USA, Alibaba in China, Zalando, N26 und Zur Rose in Europa. Die strategische Ressourcenallokation in breit diversifizierte Geschäftsfelder ist passé. Mit der Geschäftsfokussierung können durch den Verkauf von Nichtkerngeschäften Mittel für Transformationsprozesse freigestellt und konzentriert eingesetzt werden. In der aktuellen Wechselwirkung von Globalisierung und Digitalisierung haben konsequent fokussierte Geschäftsmodelle eine markant bessere Aussicht auf Erfolg.

Insbesondere die junge Kundengruppe der Millennials bevorzugt neue Kommunikationswege. Unterschiedliche Social-Media-Plattformen wie Instagram, Facebook, Twitter, WhatsApp und WeChat sind Kommunikationskanäle und werden täglich hochfrequentiert genutzt, um sich zu informieren und mit Unternehmen in Kontakt zu treten oder zu bleiben.[1] Die Kommunikation ist extrem einfach, schnell und direkt. Man hat praktisch von jedem Ort der Welt Zugriff auf alle persönlich relevanten Inhalte. Einkäufe und Transaktionen funktionieren weltweit, schnell, sicher und problemlos mit ein paar wenigen Klicks auf dem Smartphone. Man erhält maßgeschneiderte, individualisierte Informationen und wird nicht mit irrelevanten Werbebotschaften über Lebensmittelaktionen vom Großverteiler eingedeckt, wenn man sich für trendige Sneakers interessiert. Das alles sind wichtige Puzzlesteine, um die heutigen Kundenbedürfnisse der anspruchsvollen jüngeren Generation abzudecken.

Moderne Unternehmen bieten dem Alter und dem Verhalten der jeweiligen Zielgruppe angepasst völlig unterschiedliche Kommunikationsmethoden und -inhalte an, wie dies in der Anlageberatung einer Bank[2] oder im Detailhandel für Luxusuhren gegenwärtig zu beobachten ist.[3] Letztere ist eine alteingesessene Schweizer Traditionsbranche. Im Detailhandel für Luxusuhren steht die Digitalisierung heutzutage für viele Unternehmen gezwungenermaßen zuoberst auf der Prioritätenliste. Käufer von Luxusuhren betreiben online extensiv Recherche, bevor sie sich zu einem Kauf entschließen.

---

[1] Braun/Graf: M&A am Schnittpunkt der digitalen und globalen Wechselwirkung, Finanz und Wirtschaft, 23.08.2019.

[2] Höllerich/Fehr: Digitalisierung der Anlageberatung am Beispiel der Zürcher Kantonalbank, in: Uhl/Loretan: Digitalisierung in der Praxis, 2019, S. 147.

[3] Graf: The Consolidation Trend in Luxury Watch Retail-Industry, 2018.

Dabei dürfen neben den firmeneigenen Online-Marketing- und -Verkaufstools die sozialen Medien nicht vernachlässigt oder unterschätzt werden. Millennial-Luxusuhren-konsumenten werden bezüglich Kaufentscheidungen intensiv von ihrem Netzwerk und von immer präziser personalisierten und zielgerichteten Werbestrategien und -botschaften in den sozialen Medien beeinflusst. Dort findet auf globaler Basis eine starke Gemein-schaftsbildung statt. Wofür früher der Familien- und Freundeskreis zuständig war, steht heute die „Community" im Web.[4] Heute suchen potenzielle junge Luxusuhrenkonsumen-ten auf digitalen Plattformen nach Akzeptanz und Bestätigung.

1.1.2   Große Wirtschafträume bieten Skalenvorteile

In unterschiedlichem Ausmaß, aber immer mit kundenzentriertem Fokus, fassen die Digi-talisierungstrends auch in allen anderen Schweizer Branchen wie Pharma, Detailhandel, Banken, Versicherungen und Immobilien Fuß. Erfolgreich in und aus der Schweiz sind traditionell hochwertige, globale Nischenanbieter in verschiedenen Branchen wie Maschi-nen-, Elektro- und Metallindustrie, Uhren, Finanzdienstleistungen, Nahrungsmittel/Milch-produkte, Pharma und Chemie.

Zusätzlich zu den Hidden Champions sind wenige, aber durchschlagskräftige globale Marktführer aus der Schweiz aktiv: Nestlé, Novartis, Roche, ABB, Swatch, UBS, Credit Suisse. Der internationale Marktzugang ist eine „conditio sine qua non" für die Schweizer Wirtschaft. Im Schnittpunkt der Digitalisierung und der Globalisierung ist es interessant zu beobachten, wie wichtig große, zollneutrale, sprachverwandte und zusammenhängende Wirtschaftsräume sind, um schnelle digitale Skalierungseffekte zu erzielen.

Von den zehn größten Unternehmen der Welt, gemessen an der Marktkapitalisierung, sind sieben Unternehmen im Technologiebereich tätig: Fünf Big-Tech-Player kommen aus den USA (Apple, Amazon, Alphabet, Microsoft, Facebook) und zwei Big-Tech-Firmen aus China (Alibaba, Tencent). Es findet ein Paradigmenwechsel hin zu Agilität und Marktzugang statt, der einen disruptiven, raschen, umfassenden, digitalen und letztlich erfolgreichen Wandel ermöglicht.

In den End-Consumer-Bereichen wie E-Commerce, den sozialen Netzwerken und den Suchmaschinen sind fünf Big-Tech-Konzerne aus den USA erfolgreich: Google, Amazon, Facebook, Apple und Microsoft (GAFAM). Dazu kommen drei Big-Tech-Gesellschaften aus China: Baidu, Alibaba und Tencent (BAT). Im sprachdiversifizierten und regional-national geprägten Europa konnte sich noch keine Big-Tech-Gesellschaft mit der Ein-kaufs- und Absatzmacht dieser amerikanischen und chinesischen Big-Tech-Giganten eta-blieren. Dies, obwohl Europa der größte zusammenhängende Wirtschaftsraum ist.

Als Land mit einer kleinen Binnenwirtschaft, das nicht in einem Handelsblock einge-bunden ist, steht die Schweiz vor einer besonderen Herausforderung. Sie hat gemäß den Ranglisten des International Institute for Management Development (IMD) und des Welt-

---

[4] Graf: The Consolidation Trend in Luxury Watch Retail-Industry, 2018.

wirtschaftsforums (WEF) in den letzten Jahren an Wettbewerbsfähigkeit eingebüßt. Im IMD-Ranking 2018[5] fiel sie vom zweiten auf den fünften Platz und im WEF-Ranking 2018[6] gar vom Platz der Klassenbesten auf den vierten Rang hinter den USA, Singapur und Deutschland zurück. Neben anderen Faktoren führen das ungeklärte Verhältnis der Schweiz zur EU, ein stark regulierter inländischer Produktmarkt mit komplexen Zolltarifen und eine kleine Inland-Marktgröße zu einem tieferen Ranking. Innovationskraft, Humankapital, Anpassungsfähigkeit und Agilität sind entscheidende Faktoren bei der Indexberechnung für die heutige Wettbewerbsfähigkeit. Diese primär digitalen Kompetenzen werden in Zukunft matchentscheidend sein. Die aktuellen Entwicklungen führen zur vierten industriellen Revolution. Und genau diese Anforderungen gilt es zu meistern. Die traditionellen Stärken der Schweiz wie die Qualität der Institutionen und der Infrastruktur, ein flexibler Arbeitsmarkt oder das leistungsfähige Finanzsystem sind nach wie vor wichtig. Aber Marktzugang und digitale Kompetenzen werden für den wirtschaftlichen Erfolg mehr und mehr ausschlaggebend sein.

In der gegenwärtigen Auseinandersetzung zwischen der Supermacht USA und der aufstrebenden Supermacht China wird sichtbar, wie hart um Marktzugang und Technologievorsprung gekämpft wird. Zölle werden unilateral erhoben und Technologietransfers zum Teil unterbunden. Multilaterale Handelsabkommen werden gegenwärtig durch bilaterale und polylaterale ersetzt. Beispiele sind das 2018 abgeschlossene Handelsabkommen zwischen den USA, Kanada und Mexiko (United States-Mexico-Canada Agreement, USMCA) und das Ende 2018 ohne die USA in Kraft getretene neue transpazifische Handelsabkommen zwischen elf Anrainerstaaten des Pazifiks (Comprehensive and Progressive Agreement for Trans-Pacific Partnership, CPTPP). China schützt den eigenen Markt auch als Mitglied in der World Trade Organization.

In den Unternehmungen führen die auf Handelsblöcke zentrierte Internationalisierung und die mit großen Investitionen verbundene Digitalisierung zu grundlegenden Veränderungen. Traditionelle diversifizierte Konzerne geben sich neue agile Strukturen, um sich auf Kundennähe zu fokussieren und um die signifikanten digitalen Investitionen sektorspezifisch zu steuern.

Wenn die Digitalisierung eine Branche erfasst, geht es vor allem um die Skalierungseffekte: Bei sinkenden Produktmargen aufgrund von Internettransparenz sind Volumen und Marktführerschaft entscheidend. Die Gewinner des Tech-Wettbewerbs in den großen Märkten wie China und USA sind bestens auf den globalen Wettbewerb vorbereitet. Im großen Heimmarkt setzen sich die Besten durch und bauen ihr digitales Ökosystem auf. In den großen Volkswirtschaften wie USA und China mit vielen Konsumenten, einem einheitlichen Zoll- und Rechtssystem sowie einem großen Firmen-Ökosystem erzielen die digitalen Marktführer schneller Skalierungsvorteile und sind so besser für den globalen Wettbewerb gerüstet als Wettbewerber, die für zusätzliches Wachstum aus einem kleinen Heimmarkt schnell internationale Märkte bearbeiten müssen.

---

[5] IMD World Competitiveness Ranking 2018.
[6] WEF Ranking: Die Schweiz stürzt vom Podest, Neue Zürcher Zeitung, 17.10.2018.

1.1.3   Digitales Zeitalter: Standortnachteil eines kleinen Heimmarktes

Im digitalen Konkurrenzkampf wird der Standortnachteil eines kleinen Heimmarkts hier an zwei Beispielen illustriert.

Im Gegensatz zur Schweiz setzte sich in einem großen Heimmarkt wie China das Retail-Online-Banking und das bargeldlose Zahlen innerhalb weniger Jahre durch. Nicht nur in den entwickelten chinesischen Küstenstädten, sondern auch im Inland wird heute mit Alipay und WeChat Pay bezahlt. Diese zwei Online-Player beherrschen heute den Zahlungsmarkt China. Über 90 % der Transaktionen am Point-of-Sale und der Online-Zahlungen werden über diese zwei Anbieter abgewickelt. Das große digitale Ökosystem China bietet Skalierungsvorteile, die Margenverluste über mengenmäßige Skalenerträge wettmachen. Cash ist kein allgemein akzeptiertes Zahlungsmittel mehr. Diese Entwicklung wurde einerseits durch eine eher zurückhaltende chinesische Regulierung im Zahlungs- und Kreditwesen gefördert und andererseits durch den erlebbaren Nutzengewinn für die User. In der Kombination der Online-Banking-Services via Smartphone und des durch Algorithmen gesteuerten Online-Kleinkreditwesens wurde die chinesische Mittelschicht förmlich in neue Konsumgewohnheiten katapultiert. Viele chinesische Konsumenten bekamen erst via Online-Banking Zugang zu einem Kleinkredit. Das traditionelle chinesische Bankensystem war auf Unternehmen in bestimmten Branchen ausgerichtet und diente kaum dem Endverbraucher. Chinesische Banken verfügten über kein eigentliches Filialnetz. Im Zeitalter von Smartphones und Apps bot das riesige Land mit 1,4 Milliarden Einwohnern ein finanzielles und digitales Transaktions-Eldorado mit einer kredithungrigen und zunehmend zahlungsfähigen Mittelschicht.[7] Der Nutzengewinn beim Wechsel von der Barzahlung zur digitalen Bezahltransaktion war für die chinesischen Kundinnen und Kunden enorm.

An diesem Beispiel wird auch manifest, dass das transaktionsorientierte Retail-Banking immer mehr zu einer technischen Industrie wird – dieser Prozess wird sich in Zukunft noch stärker akzentuieren. Das wird im Westen etwas langsamer ablaufen als in China. In der Schweiz ist der aktuelle Servicelevel sowohl im Kredit- wie im Zahlungswesen für die Endkunden sehr hoch. Der digitale Grenznutzen im Vergleich zu den analogen Bankdienstleistungen ist wesentlich geringer als in China.

Kein Geheimnis ist, dass sich die Schweizer Banken lange schwertaten, aus den vorhandenen, gut eingeführten Wertschöpfungsketten auszubrechen und dem Konsumenten eine „One-Stop Solution" – also eine einheitliche, flächendeckende, digitale Zahlungslösung – anzubieten. Dieser Schritt wurde mit Twint erst im Jahre 2017 vollzogen. Es kämpfen bereits internationale Anbieter wie Apple Pay und Samsung Pay um Marktanteile in der Schweiz. Aktuell ist zudem eine ganze Reihe von nationalen und internationalen Smartphone-Banken dabei, den Retail-Banking-Markt anzugreifen. Der Wandel ist in vollem Gang. Hieß Online-Banking für die meisten Schweizer Kunden bisher vor allem „Kontostand abfragen" und „Zahlungen erledigen", so kommen immer mehr jüngere Kun-

---

[7] Ziegler/Braun: Banking Transactions in Switzerland and China, 2018.

densegmente dazu, die ganz einfach und schnell via Smartphone von weiteren Angeboten profitieren wollen – zum Beispiel vom kostengünstigen Wechseln von Fremdwährungen. Innovative Unternehmen, die in diesem Bereich ihre Konzepte kompromisslos auf konkrete und erlebbare Kundennutzen, auf einfaches Handling und auf tiefe Kosten ausgerichtet haben, sind erfolgversprechend unterwegs. Diese digitalen Start-up-Unternehmen, sogenannte Nightmare Competitors, haben etwas gemeinsam: Sie haben ihre Geschäftsmodelle konsequent aus der Kundenperspektive entwickelt und umgesetzt – „consumer-minded, not producer-minded". Sie treffen damit punktgenau die Bedürfnisse der jüngeren Generationen. Das heißt aber auch: Der deutlich spürbare „Generation Gap" vergrößert sich fast von Tag zu Tag. Das lässt sich auch an den Ergebnissen einer Umfrage vom Herbst 2019 ablesen: Rund zwei Drittel der unter 30-Jährigen können sich vorstellen, ihr Hauptkonto bei einer reinen Smartphone-Bank zu haben, oder haben diesen Wechsel bereits vollzogen. Bei den über 30-Jährigen ist es genau umgekehrt: Rund zwei Drittel können sich einen solchen Wechsel nicht vorstellen.[8]

Eine ähnliche Dynamik ist im bescheiden wachsenden Schweizer Detailhandel zu beobachten: Schweizer Online-Lösungen entwickeln sich vergleichsweise langsam im hochregulierten Schweizer Markt und stoßen schnell an Wachstumsgrenzen aufgrund des kleinen Heimmarktes. Die Studie der Credit Suisse „Retail Outlook 2019" zeigt,[9] dass hingegen der Anteil der ausländischen Online-Händler in der Schweiz stark wachsend ist. Online-Anbieter wie Zalando, AliExpress (Alibaba) und Amazon drängen mit großer Kraft in den Schweizer Markt. Diese Entwicklung steht erst am Anfang und wird ebenfalls große Veränderungen mit sich bringen, vor allem auch im Fach- und Zwischenhandel.

Bei Skalierungseffekten stoßen die Anbieter im begrenzten Schweizer Markt an Nachfragegrenzen. Dessen ungeachtet behaupten sich viele Schweizer Industriefirmen als Hidden Champions als Hochtechnologieanbieter und Entwickler für digitale Produkte und Dienstleistungen. Führende Schweizer Anbieter entwickeln digitale Produkte und Dienstleistungen in Bereichen wie Sensorik, Elektronik, Medizintechnologie und Pharma. Hier wird die Kleinstaatlichkeit der Schweiz zum Vorteil dank des dualen Bildungssystems, der hohen Arbeitsethik, verlässlicher Institutionen und der internationalen Offenheit. Die gegenwärtig arg unter Druck stehende Automobilzuliefererindustrie sieht in der Elektromobilität und zunehmenden Digitalisierung rund um das Auto interessante Möglichkeiten, parallel zum traditionellen Geschäft in diesen neuen Umfeldern Fuß zu fassen. Dies kann für Schweizer Player in einem kleinräumigen Markt neue Wachstumsfelder bedeuten.[10] In verschiedenen Regionen ist eine industrielle Clusterbildung zu beobachten wie das Crypto Valley in Zug, der Elektronik- und Sensorikcluster im Rheintal oder Biotechcluster um den Pharmastandort Basel.

---

[8] Braun: Smartphone-Banking in der Schweiz, Survey mit 262 Umfrageteilnehmenden, ZHAW School of Management and Law, 2019.

[9] Credit Suisse Studie: Retail Outlook 2019.

[10] Neue Zürcher Zeitung, 30.12.2019, S. 19.

1.1.4   Skalierungseffekte im Zentrum – Chancen für Nischenanbieter

Die eingeschränkten Skalierungsmöglichkeiten in einem parzellierten und rechtlich nicht einheitlich geregelten Wirtschaftsraum stellen Europa und die Schweiz vor große Herausforderungen. Disruptive Big-Tech-Unternehmen aus den USA und China mischen als Branchenoutsider das Geschäft in verschiedenen Sektoren auf. In diesen großen Volkswirtschaften mit vielen Konsumenten, einer Sprache, einem einheitlichen Zoll- und Rechtssystem sowie großen Unternehmens-Ökosystemen erzielen die digitalen Winner schneller Skalierungsvorteile. Für den globalen Wettbewerb sind sie besser gerüstet als Wettbewerber, die für anfängliches Wachstum aus einem kleinen Heimmarkt heraus schnell weniger bekanntes Terrain in internationalen Märkten bearbeiten müssen. Das digitale Blitzscaling ist in einer solchen Konstellation weitaus erfolgreicher als in einem kompliziert aufgebauten Wirtschaftsraum. Denn wenn die Digitalisierung eine Branche erfasst, geht es vor allem um diese Skalierungseffekte: Bei sinkenden Produktmargen aufgrund von Internettransparenz sind Umsatzvolumen und Marktführerschaft entscheidend.

Zusammenfassend sind folgende Aspekte für eine erfolgversprechende Strategie im digitalen Zeitalter relevant:

- Zukunftsträchtige Geschäftsmodelle orientieren sich an den Bedürfnissen der Millennial-Kunden: Digital Experience, Sharing, Socializing und Transparenz.
- Die fokussierte, vertikal integrierte Wertschöpfungskette bis hin zum Kunden und weniger die branchenübergreifende Diversifikation sichert den Erfolg.
- Digitale Geschäftsmodelle müssen aus der Sicht der Kundinnen und Kunden entwickelt werden. Die digitale Transformation einzelner analoger Prozessschritte innerhalb der Wertschöpfungskette reicht nicht.
- „Make or join"-Strategien müssen evaluiert werden: Die Investitionen in die digitale Transformation eines analogen Geschäftsmodells sind enorm. Internationale Skalierungsmöglichkeiten müssen unter Umständen partnerschaftlich angegangen werden.
- Digitale Skalierungseffekte können Masseneffekte auslösen: „The winner takes it all."
- Die Fokussierung auf das Kerngeschäft wird zur Priorität: Eine Umsetzung der Digitalisierungsstrategie ist ein umfassender Eingriff in das Geschäftsmodell und damit teuer.
- Mittelgroße Unternehmen sind in diesem Transformationsprozess besonders exponiert. Die mittlere Größe kann einerseits der Flexibilität von Kleinunternehmen im Wege stehen. Andererseits verfügen mittelgroße Unternehmen nicht über die finanziellen und personellen Ressourcen einer Großunternehmung.
- Kleine, hochspezialisierte Schweizer Anbieter mit globalem Marktzugang können sich dank ihrer Expertise in internationalen Marktnischen etablieren.

Obwohl die Digitalisierungswelle zu einem enormen Handlungsbedarf[11] führt, findet das Digitalisierungsthema noch nicht bei allen Unternehmen die notwendige Beachtung.

---

[11] Weissmann/Wegerer: Digitaler Wandel im Familienunternehmen, 2018, S. 27; Cisco: Digital Business Transformation by Cisco, 2017.

Bei rund der Hälfte der Unternehmen steht die digitale Transformation noch nicht zuoberst auf der Prioritätenliste.

Um die globale und digitale Herausforderung im aktuellen Markt- und Konkurrenzumfeld zu erfassen, zu analysieren und zu planen, wurde die Digital-Business-Transformation-Matrix als Orientierungsrahmen entwickelt.

1.2   Von evolutionärer zu disruptiver Geschäftsmodellentwicklung: ein Orientierungsrahmen

In vielen Industriezweigen gibt es eine Verschiebung von evolutionären Veränderungen hin zu zunehmend disruptiven Veränderungen. Diese werden durch Kräfte wie beispielsweise ein radikal verändertes Kundenverhalten und neue digitale Kommunikationsmöglichkeiten verursacht. Geschäftsverständnisse, welche viele Jahre Bestand hatten, werden grundsätzlich infrage gestellt, und Firmen werden gezwungen, ihre Geschäftstätigkeit komplett neu auszurichten.

1.2.1   Evolutionäre und disruptive Geschäftsmodellentwicklung

Viele Unternehmen haben sich in den vergangenen Jahren intensiv mit der evolutionären Geschäftsmodellentwicklung auseinandergesetzt. Changemanagement wird auch in Zukunft eine hohe Bedeutung zukommen. Changemanagement allein reicht aber oft nicht zur nachhaltigen Erfolgssicherung aus. Disruptive Technologien verändern die Handlungsmöglichkeiten von Unternehmen fundamental. Disruptiv bedeutet, dass bestehende Angebote infrage gestellt oder sogar obsolet werden. Changemanagement kommt damit an seine Grenzen. Ein Überdenken des bestehenden Geschäftsmodells ist notwendig, um geeignete Antworten auf die Disruption zu finden.

Die disruptive Geschäftsmodellentwicklung zeichnet sich demgegenüber durch eine radikale Veränderung des bestehenden Geschäftsmodells aus. Eine vollkommen neue Geschäftslogik kommt zum Tragen. Im Falle der disruptiven Veränderungen verwenden wir den Überbegriff „Transformation-Management". Transformation-Management zielt nicht auf die Umsetzung einer isoliert definierten Initiative, sondern auf die Neuerfindung einer Unternehmung oder eines Geschäftsmodells ab. Es ist unvorhersehbarer, iterativ und experimental und deshalb mit wesentlich mehr Risiken verbunden als Changemanagementinitiativen.[12] Disruption verstehen wir als unternehmensweiten Begriff, nicht nur im digitalen Kontext.

---

[12] Ashkenas: We still do not know the difference between Change-Management and Transformation, 2015.

1.2.2 Wachstum durch evolutionäre Geschäftsmodellentwicklung

Die evolutionäre Geschäftsmodellentwicklung reicht vielfach nicht mehr zur Bewältigung unternehmerischer Herausforderungen aus, die disruptive Geschäftsmodellentwicklung wird immer wichtiger. Im Falle der evolutionären Geschäftsmodellentwicklung steht Change-management im Zentrum, im Rahmen der disruptiven Geschäftsmodellentwicklung kommt hingegen Transformation-Management zum Tragen.

Im Rahmen der evolutionären Geschäftsmodellentwicklung steht die Optimierung des bestehenden Geschäftsmodells im Zentrum. Mit inkrementellen Verbesserungen der Prozesse, Produkte und Dienstleistungen soll das Wachstum gefördert und die Profitabilität gesichert werden. Die Branchenlogik bleibt bestehen. Das Veränderungsmanagement lässt sich auch unter dem Begriff Changemanagement subsummieren.

Erfolgreiche evolutionäre Geschäftsmodellentwicklung[13] im Zeitalter der Globalisierung zeichnet sich in der Praxis durch folgende Faktoren aus (Abb. 1.2):

1. Zunächst ist es wichtig, dass sich das Management auf die wirklichen Stärken für den künftigen Erfolg zurückbesinnt. Die Unternehmung muss sich klar werden, wie sie sich im Markt mit seinem Produktportfolio gegenüber der Konkurrenz differenzieren kann. Ein wichtiges Erfolgskriterium ist oft, dass sich die Firmen auf ihre eigentlichen Stärken konzentrieren und zuweilen unprofitable oder schwach profitable Nischengeschäfte konsequent entsorgen. Sie fokussieren sich auf die erfolgskritischen, skalierbaren Bereiche und bauen diese konsequent aus.

Abb. 1.2 Ausrichtung der Unternehmung auf Wachstum. (In Anlehnung an: PwC Strategy&: Fit for Growth – Der Leitfaden zur erfolgreichen Unternehmenstransformation, 2015)

---

[13] Couto/Plansky/Caglar, 2017, S. 20: Fit for Growth Framework; siehe dazu auch die Wachstumskonzepte mittels M&A bei: Bergamin/Braun, M&A – Erfolg dank Integrationsmanagement, 2015. S. 69.

2. Mit einem klar definierten Aktivitätsportfolio gilt es, mit dem geeigneten Operating Model und einer geeigneten Organisation die Voraussetzungen für weiteres Wachstum zu schaffen.
3. Das veränderte Tätigkeitsportfolio und eine wachstumstaugliche Organisation führen zu einer angepassten Kostenstruktur, die idealerweise niedriger ist als in der Vergangenheit.

1.2.3   Disruptive Veränderung durch Kunden angestoßen

Diese disruptiven Veränderungen werden im digitalen Zeitalter durch die Kunden angestoßen. In vielen Branchen werden traditionelle Anbieter geradezu gezwungen, ihre Geschäftsmodelle radikal zu überdenken und anzupassen. Dabei haben vielfach kleine Firmen einen Startvorteil, weil sie agiler und ohne Ballast von Legacy-IT-Systemen direkt neue Kunden anwerben können, ohne Rücksicht auf die Kannibalisierung des eigenen Bestandsgeschäfts. Im digitalen Wettbewerb greifen die jungen agilen Player vielfach die margenträchtigsten, bis dahin analog bewirtschafteten Geschäftsfelder zuerst an.

Ein aktuelles Beispiel ist das Retail-Banking in der Schweiz. Die Smartphone-Banken sind nach einer längeren Anlaufzeit in der Schweiz auf dem Vormarsch. Vor allem die jüngere Kundschaft zeigt sich sehr offen und interessiert gegenüber den Online-Services der neu in den Markt drängenden Smartphone-Banken, wie die nachfolgenden Umfrageergebnisse zeigen.[14] Sicherheits- und Vertraulichkeitsaspekte, eine traditionelle Stärke der Schweizer Geschäftsbanken, werden von den kostengünstigeren Online-Dienstleistungen der Smartphone-Banken in ausgewählten Geschäftssegmenten ausgestochen.

Im September 2019 wurden 267 Personen mit Wohnsitz in der Schweiz über ihre Präferenzen im Retail-Banking befragt. Die Umfrageteilnehmer wurden gebeten, ihr Alter anzugeben (Abb. 1.3).

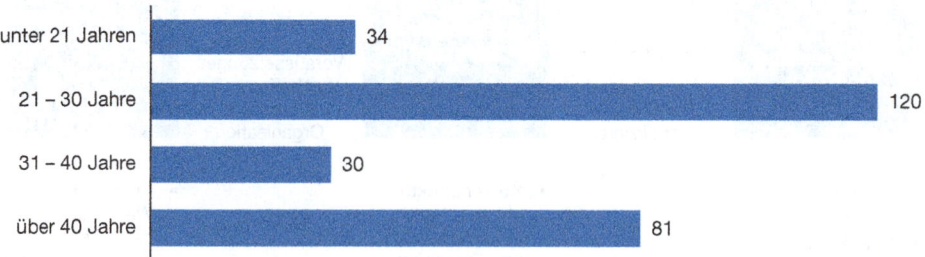

Abb. 1.3 Umfrage „Smartphone-Banking": Altersgruppen der Umfrageteilnehmenden. ZHAW-Umfrage September 2019. (Eigene Darstellung)

---

[14] Braun: Smartphone-Banking in der Schweiz, Survey mit 262 Teilnehmern, ZHAW School of Management and Law, 2019.

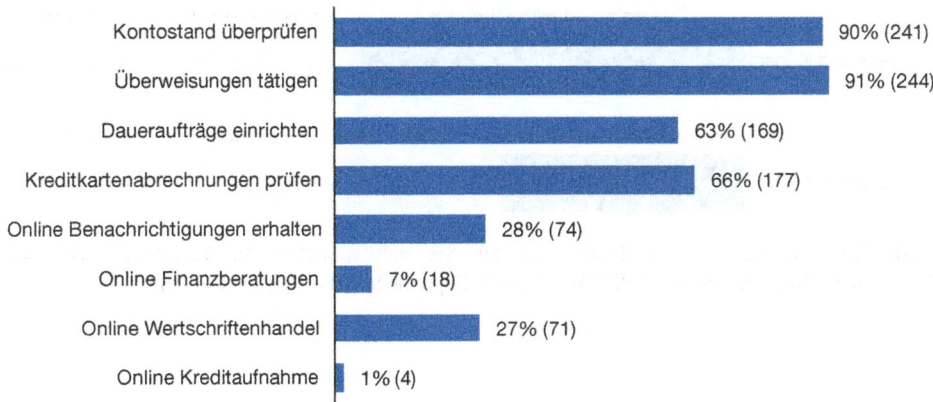

Abb. 1.4 Antworten auf die Frage: Welche Angebote des Online-Banking haben Sie bereits benutzt? ZHAW-Umfrage September 2019. (Eigene Darstellung)

Diese erste Frage umfasst die Online-Services von Smartphone-Banken ohne Filialen und die Online-Services der traditionellen Banken mit Filialen (Abb. 1.4). Dabei konnten mehrere Services gewählt werden. 92 % aller Umfrageteilnehmenden nutzen die Online-Banking-Services der Geschäftsbanken. Dies weist auf eine hohe Affinität wie auch auf hohes Potenzial im Online-Retail-Banking-Bereich hin.

Ein klarer generationenabhängiger Unterschied zeigt sich bei der Beantwortung der Frage, ob ein Wechsel mit dem Hauptkonto zu einer Smartphone-Bank infrage kommt. 55 % der jungen Umfrageteilnehmenden unter 30 Jahre haben ihr Hauptkonto bereits zu einer Smartphone-Bank verlegt oder können sich einen Wechsel vorstellen. Nur 33 % der jungen Umfrageteilnehmer können sich keinen Wechsel zu einer Smartphone-Bank vorstellen. Die Umfrageteilnehmenden im Alter von 31 Jahren und älter beantworten diese gleiche Frage gerade im umgekehrten Verhältnis: 58 % können sich keinen Wechsel vorstellen, und nur für 35 % der Umfrageteilnehmer kommt ein Wechsel zu einer Smartphone-Bank infrage.

Jüngere Kunden verfügen über weniger Vermögen und legen deshalb weniger Wert auf die Sicherheit der Bankdienstleistungen. Trotzdem zeigt das Umfrageresultat, welch fundamental anderen Zugang die jüngere Generation zu den Retail-Banking-Services hat. Das Sparkässeli und der Gang mit den Eltern in eine Bankfiliale haben ausgedient: Die junge Kundschaft legt sich direkt ein Online-Konto an (Abb. 1.5).

Mit der englischen Smartphone-Bank Revolut hat erstmals in der Schweiz flächendeckend eine Smartphone-Bank Erfolg.[15] Von den 267 Umfrageteilnehmenden, die bereits Kunde einer Smartphone-Bank sind, haben 74 % ein Konto bei Revolut (Abb. 1.6). 25 %

---

[15] Heim M.: Revolut hat plötzlich massiv mehr Kunden in der Schweiz, Handelszeitung, 14.10.2019.

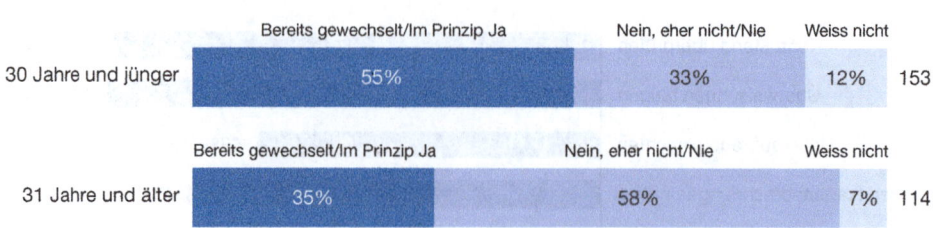

Abb. 1.5 Antworten auf die Frage: Könnten Sie sich vorstellen, Ihr Hauptkonto zu einer Smartphone-Bank zu verlegen? ZHAW-Umfrage September 2019. (Eigene Darstellung)

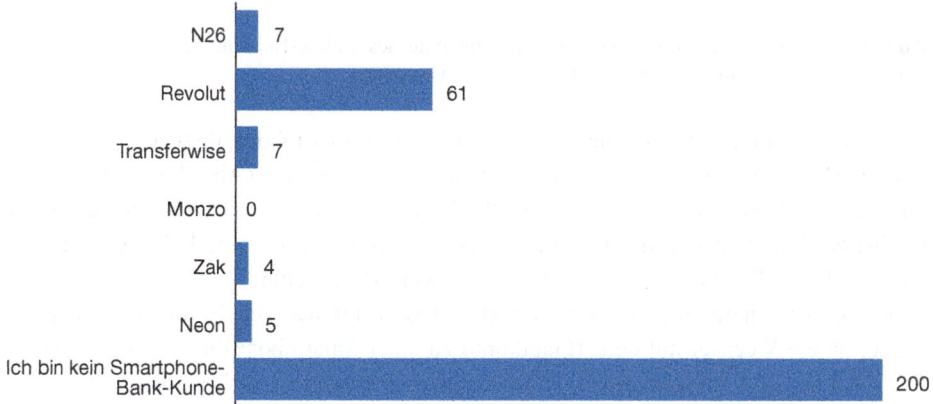

Abb. 1.6 Antworten auf die Frage „Sind Sie ein Kunde einer Smartphone-Bank?" ZHAW-Umfrage September 2019. (Eigene Darstellung)

der 67 befragten Smartphone-Kunden verfügen bereits über Online-Konten bei mehr als einer Smartphone-Bank. Der Geschäftserfolg einer Smartphone-Bank basiert auf kundenfreundlichen globalen Online-Services und tiefen Preisen. Das Onboarding ist bei Revolut schnell und einfach zu bewerkstelligen. Fremdwährungen können ohne Marge zum Interbankenkurs in Realtime gewechselt werden. Dies macht Revolut vor allem für international Reisende attraktiv. Die Information über aktuelle Währungsbestände ist bequem und online jederzeit auf dem Smartphone verfügbar. Allfällige Sicherheits- und Vertraulichkeitsbedenken werden von einem großen digitalen Nutzengewinn aufgewogen.

Dieses Beispiel zeigt exemplarisch, wie selbst in einem hochkompetitiven und an und für sich gesättigten Markt junge Unternehmen mit neuen digitalen Konzepten Erfolg haben können.

1.2.4   Das Konundrum der Digitalisierung für traditionelle Unternehmen

Digitalisierung stellt einen wichtigen disruptiven Trend dar. Treiber der digitalen Veränderung sind die immense Leistungssteigerung der verfügbaren Technologien und Systeme; Digitalisierung erfasst immer mehr Bereiche der Wertschöpfung und die Kombinatorik von Entwicklungsbereichen und deren Einfluss auf die Interaktion zwischen Objekten und Lebewesen. Diese drei Elemente führen zu Quantensprüngen bei Konzepten und Lösungen.[16] Digitale Geschäftsmodelle unterliegen eigenen Gesetzmäßigkeiten.[17] Diese sind:

- Exponentielle Entwicklungen werden durch die Skalierungseffekte begünstigt.
- Die digitale Innovation löst Branchengrenzen auf.
- „The Winner takes it all" – die Netzwerkeffekte begünstigen die Frontrunner bis hin zu Monopolisten.
- Zero Margin Cost – die digitale Transparenz und Verfügbarkeit fördern die Nachfrage hin zur Gratisökonomie.
- Digitale Angebote erhöhen im Allgemeinen die Transparenz über verfügbare Produkte und Dienstleistungen. Dies erzeugt Margendruck.
- Minimale Transaktionskosten spielen eine wichtige Rolle in der Peer-to-Peer Economy.
- Schneller und punktgenauer Zugang und Verfügbarkeit zum Produkt oder zur Dienstleistung wird wichtiger als Besitz.
- Produkte und Services können digital personalisiert und gleichzeitig global und regional angeboten werden.

Die neuen Chancen werden vielfach von Start-ups oder branchenfremden Wettbewerbern angeboten.[18] Sie setzen dank neuer Informations- und Kommunikationstechnologien, respektive neuer digitaler Geschäftsmodelle, neue Standards.[19] Zudem können sie sich vielfach ohne Rücksicht auf sogenannte „Legacy-Systeme" viel schneller und fokussiert im Markt bewegen.

Die Verknüpfung von Robotik, Internet der Dinge, künstlicher Intelligenz, 3-D-Druck, Big Data und Cloud-Computing zeigt, dass sich die Berufsfelder fundamental verändern.[20] Die Digitalisierung wirkt sich bei Produkten und Dienstleistungen auf unterschiedlichen Ebenen aus.[21] Die Digitalisierung erfordert neue Geschäftsmodelle mit angepassten Entscheidungsprozessen. Sie betrifft auch die Qualifikation von Management und Mitarbeitern.

---

[16] Kreutzer/Neugebauer/Pattloch: Digital Business Leadership, 2017, S. 8.

[17] Matzler/Bailom/Eichen/Anschober: Digital Disruption, 2016, S. 28 f.

[18] Kreutzer/Neugebauer/Pattloch: Digital Business Leadership, 2017, S. 13.

[19] Weissman/Wegerer: Digitaler Wandel im Familienunternehmen, 2018, S. 46.

[20] NZZ, 29. März 2018, Verlagsbeilage, S. 9.

[21] Matzler/Bailom/Eichen/Anschober: Digital Disruption, 2016, S. 17.

1.3   Digital-Business-Transformation-Matrix

1.3.1   Die zwei Dimensionen der Matrix

Die Digital-Business-Transformation-Matrix unterstützt Unternehmungen, welche sich mit Change- und Transformation-Management systematisch auseinandersetzen. Die Matrix soll das Verständnis für die Anforderungen bezüglich Change- und Transformation-Management schärfen, das Zusammenspiel dieser zwei Aspekte fördern und eine Plattform für die Weiterentwicklung der Unternehmungen darstellen (Abb. 1.7).

Die untersuchten Megatrends und die Interviews bei neun Schweizer Firmen zeigen, dass für die Analyse der strategischen Ausgangslage und für die Weiterentwicklung eines Unternehmens zwei Faktoren matchentscheidend sind. Zum einen ist der geografische Footprint des Unternehmens im Vergleich zur Konkurrenz wichtig. Zum zweiten ist es entscheidend, wie das jetzige Geschäftsmodell auf der digitalen Skala heute und in Zukunft positioniert ist.

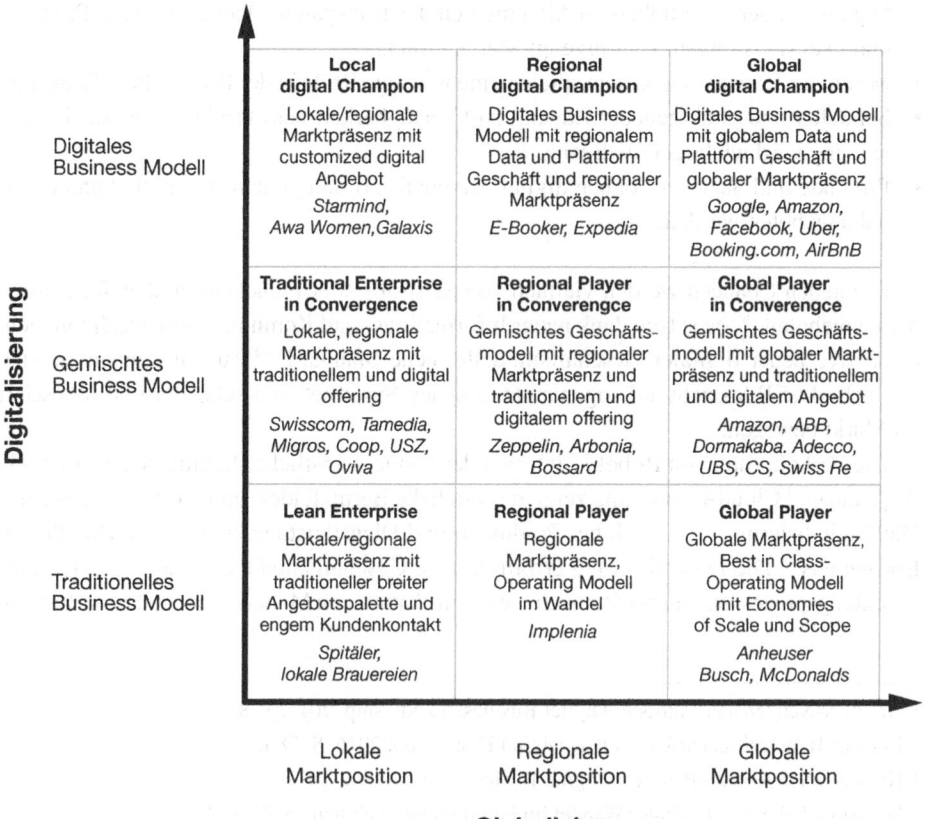

Abb. 1.7 Digital-Business-Transformation-Matrix. (Eigene Darstellung)

Im Folgenden gehen wir auf die zwei Dimensionen detailliert ein, befassen uns mit dem Zusammenspiel dieser zwei Dimensionen und leiten daraus den strategischen Aktionsradius für Unternehmungen ab.

1.3.2 Positionierung hinsichtlich Globalisierung

Wie machen sich Unternehmungen fit für weiteres Wachstum? Wo stehen sie in ihrer lokalen, regionalen respektive globalen Marktposition? Das nachfolgende Globalisierungsraster bietet einen Orientierungsrahmen. Die Positionierung erfolgt dabei anhand von drei Schlüsselfragen:

a) What do we do?
   Wie sieht die Angebotspalette aus?
b) Where do we do it?
   In welchem geografischen Setting sind wir aktiv?
c) How do we do it?
   Wie sehen die Organisation und die Prozesse zur Leistungserstellung aus?

Die Fragestellung „What do we do" befasst sich mit der Angebotspalette. Das Spektrum beginnt mit Unternehmen mit lokaler Marktpräsenz, einer breiten Angebotspalette und direktem Kundenkontakt. Changemanagement verstanden als Ausschöpfung von Optimierungspotenzialen steht nicht im Vordergrund oder erfolgt aufgrund der kleinen Organisationsgröße eher spontan, nicht aber explizit. Weiter rechts auf der Skala wird die Sortimentspalette bewusst reduziert zugunsten von Produkten und Dienstleistungen mit Differenzierungspotenzial und Wachstumspotenzial. In den Vordergrund rücken Produkte und Dienstleistungen, welche das Unternehmen als ihre Stärke bezeichnen, wirtschaftlich interessant sind und über Wachstumspotenzial verfügen und skalierbar sind. Ganz rechts auf der Skala sind globale Unternehmen mit einer fokussierten Angebotspalette positioniert. Dank Changemanagement ist das Produktportfolio klar definiert, nichtstrategische Bereiche sind devestiert und die Plattform bereit für weiteres Wachstum. Repositionierungen und Arrondierungen sind nicht einmalig; Changemanagement ist institutionalisiert und wird zur Routine und Kernkompetenz zugleich.

Unter dem Aspekt „Where do we do it" rückt die geografische Positionierung ins Zentrum. Das Spektrum reicht von der Unternehmung mit rein lokaler Präsenz bis zum Unternehmen mit globalem Footprint, wo die Ressourcen dort angesiedelt sind, wo es aus Sicht der Kosteneffizienz und des gesamtunternehmerischen Nutzens am meisten Sinn macht.

Unter der Fragestellung „How do we do it" geht es um die Definition des Operating Model, der Prozesse und Systeme sowie den Reifegrad bezüglich Standardisierung und Automatisierung. Während im ersten Fall traditionelle Prozesse und kurze Entscheidungswege dominieren, besteht im zweiten Fall ein Best-in-Class-Business-Modell, welches auf das globale Wachstumsportfolio ausgerichtet ist.

Im Globalisierungsraster (siehe Abb. 1.8) unterscheiden wir vier Levels:

	Lokale/Regionale Marktposition		Globale Marktposition	
	Level 1 **Lokale** **traditionelle** **Player**	**Level 2** **Regionale Player** **im Change** **Prozess**	**Level 3a** **Globale Player im** **Change Prozess**	**Level 3b** **Fokussierte** **globale Player**
Geographischer Footprint	▪ Umsatz nur regional, innerhalb der Schweiz	▪ Umsatz in der Schweiz >80% ▪ Mitarbeiter mehrheitlich in der Schweiz	▪ Umsatz in der Schweiz <50% ▪ Mitarbeiter mehrheitlich im Ausland angestellt (>50%)	▪ Umsatz in der Schweiz <10% ▪ Mitarbeiter mehrheitlich im Ausland angestellt (>80%)
Angebots-Portfolio	▪ Breite Angebotspalette, lokale Marktpräsenz und Kunden ▪ Direkter, persönlicher Kundenkontakt	▪ Breite Angebotspalette für mehrheitlich lokalen/nationalen Kundenstamm	▪ Selektion von Wachstumsfelder und Fokussierung der Angebotspalette in Umsetzung, inklusive Devestition von Non-Core-Aktivitäten	▪ Global aufgestellt mit fokussierter Angebotspalette
Operatives Geschäftsmodell und Change Management Fortschritte	▪ Operatives Geschäftsmodell: Vertrieb: lokal; Supply Chain: lokales Sourcing ▪ Change Management: Nicht relevant	▪ Operatives Geschäftsmodell: Vertrieb: CH, punktuell international; Supply Chain: Lokales, punktuell internationales Sourcing ▪ Change Management: Bedarf adressiert und punktuell umgesetzt	▪ Operatives Geschäftsmodell: Vertrieb: punktuell global; Supply Chain: punktuell globales Sourcing; Support Prozesse werden der Angebotspalette angepasst ▪ Change Management: Shared Services, Outsourcing und Offshoring aktiv genutzt; Effizienz- und Automatisierungspotentiale ausgeschöpft	▪ Best-in-Class Operatives Geschäftsmodell: Vertrieb: global; Supply Chain: globales Sourcing; Support Prozesse auf Angebotspalette abgestimmt ▪ Change Management: als Kernkompetenz institutionalisiert
Beispiele	Spitäler	SBB, Migros, Coop	Arbonia, Conzetta, Bucher	Dormakaba, Anheuser-Busch, ABB

Abb. 1.8 Digital-Business-Transformation-Matrix – Globalisierungsdimension. (Eigene Darstellung)

1. Der **lokale traditionelle Player** verfügt über eine breite Angebotspalette; die Fokussierung des Produkt- und Dienstleistungssortiments spielt keine wichtige Rolle. Er ist in einem geografisch begrenzten Rayon aktiv, und das Businessmodell ist auf die lokalen Anforderungen ausgerichtet. Changemanagement spielt eine untergeordnete Rolle. Vertreter dieser Gruppe sind beispielsweise Spitäler und lokale Brauereien.

2. **Regionale Player im Change-Prozess** decken ein größeres geografisches Spektrum ab, und Changemanagement wird aktiv umgesetzt. Beispiele dafür sind TA Group (Tamedia), Swisscom, SBB, Migros, Coop.
3. **Globale Player im Change-Prozess** richten ihre Angebotspalette auf Wachstumsfelder mit Multiplikationspotenzial aus und arbeiten daran, ihr Operating Model entsprechend auszurichten. Ein Beispiel ist Implenia.
4. **Fokussierte globale Player** schließlich sind mit ihren Angeboten weltweit präsent und haben die Organisation und Prozesse umgesetzt. Dormakaba hat ihre globale Präsenz mit dem Merger erreicht.

1.3.3 Positionierung hinsichtlich Digitalisierung

Immer mehr Bedeutung gewinnen disruptive Kräfte und somit auch die Digitalisierungsdimension. Transformation-Management bietet die notwendigen Tools für den digitalen Umbau. Verschiedene Ausprägungen von Transformation-Management und Digitalisierungsgraden werden unterschieden. Analog zum Globalisierungsraster wird hier eine Kategorisierung anhand digitalisierungsrelevanter Kriterien vorgenommen. Die Unternehmung wird anhand der folgenden Kriterien kategorisiert:

a) Vorhandensein und Qualität der Digitalstrategie,
b) digitale Produkte und Dienstleistungen,
c) Stand der digitalen Vernetzung,
d) Ausprägung der agilen Organisation,
e) Stand der IT-/SW-Architektur.

Die Dimension „Digitalstrategie" reicht von der Nichtexistenz einer Digitalstrategie in Unternehmungen als Extremausprägung bis zu Firmen mit institutionalisierter Digitalstrategie, welche die digitale Transformation bereits umgesetzt haben.

Für die Reifegradbestimmung bezüglich digitaler Produkte und Dienstleistungen kann der entsprechende Umsatz herangezogen werden. Unternehmen mit mehr als 30 % Umsatz mit digitalen Produkten und Dienstleistungen sind ein Indiz für einen fortgeschrittenen digitalen Wandel. Der Stand der digitalen Vernetzung reicht von der konventionellen Kommunikation im Unternehmen bis zur integralen Vernetzung, intern wie auch mit Kunden.

Bezüglich Ausprägung der agilen Organisation unterscheiden wir die zwei Extremformen, nämlich die traditionelle IT-Organisation sowie Unternehmungen, welche eine agile Organisation gebaut und das Thema „Digitalisierung" in ihre DNA aufgenommen haben. Der traditionelle Player ist – wie es der Name bereits andeutet – traditionell organisiert. Demgegenüber differenziert sich der digitale Champion durch eine agile Organisation, sprich, digitale Kompetenzen sind auf allen Führungsebenen vorhanden, die digital affinen

Talente werden gezielt gefördert und die Incentivierungs-Systeme unterstützen die Digitalisierungsbemühungen.

Schließlich reicht die IT-/SW-Architektur von einem konventionellen Set-up bis zur State-of- the-Art-IT-Architektur mit Cloud-Lösungen in Anwendung.

Auf der Digitalisierungsachse unterscheiden wir vier Typen (Abb. 1.9):

1. Am einen Ende der Achse stehen **Digital Beginner**. Sie verfügen über keine digitale Strategie, erwirtschaften kaum Umsatz mit digitalen Produkten und sind traditionell organisiert.
2. **Digital Silos/Inseln** verfolgen die Digitalisierungsinitiativen in LABs, d. h. kleinen Teams, welche oft separat zur Gesamtorganisation geführt werden und bewusst ein digitales Eigenleben führen.
3. **Integrated Digital Business** zeichnet sich demgegenüber durch eine gleichberechtigte Stellung von traditionellem Geschäft und digitalem Geschäft aus.
4. **Digital Master** realisieren einen relevanten Umsatzanteil im digitalen Bereich. Daten dienen als digitale Assets, und oft nutzen diese Firmen gekonnt Plattformeffekte. Die Digital Master kommunizieren mit digitalen Medien intern wie auch mit Kunden.

Die Dimensionen Digitalisierung und Globalisierung fassen wir in der Digital-Business-Transformation-Matrix zusammen. Sowohl Digitalisierung als auch Globalisierung sind wichtige Treiber für Unternehmen, ihr Geschäft weiterzuentwickeln.

Die Matrix hilft dabei, die Position eines Unternehmens in einer bestimmten Branche auf den strategischen Wegen der Globalisierung und Digitalisierung zu bestimmen. Für den CEO und die Geschäftsleitung ist es wichtig, ein großes Bewusstsein für grundlegende Veränderungen in ihrem Umfeld und insbesondere in ihrer Branche zu haben. Das Modell hilft, die Position in Bezug auf digitale Prozesse und digitale Fähigkeiten sowie in Bezug auf die geografische Präsenz eines Marteilnehmers und der Wettbewerber zu identifizieren.

Es ist wichtig, die Bedeutung der beiden Achsen, Digitalisierung und Globalisierung, und deren Zusammenspiel in diesem Modell zu verstehen. Die horizontale Digitalisierungsachse positioniert einen Industrie-Player entsprechend seiner geografischen Abdeckung. Das Modell unterscheidet zwischen lokalen/regionalen Akteuren und Akteuren mit globaler Marktposition. Die vertikale Digitalisierungsachse beschreibt den Digitalisierungsgrad des Unternehmens. Diese Dimension ist in drei Hauptspezifikationen unterteilt. Ein Unternehmen betreibt entweder Geschäfte mit traditionellen Geschäftsmodellen, die von der Digitalisierung kaum tangiert sind, oder es agiert in einem gemischten Geschäftsmodell, d. h., traditionelle Angebote und digitale Lösungen werden genutzt. Andere Unternehmungen wiederum sind vollständig digital ausgerichtet.

Aus der Zusammenführung dieser zwei unterschiedlichen Sichtweisen ergeben sich die folgenden sechs Idealtypen:

	Traditionelles Business Modell	Hybrides Business Modell		Digitales Business Modell
	Level 1 Digital Beginner	**Level 2a Digital Silos/ Inseln**	**Level 2b Integrated Business**	**Level 3 Digital Master**
Digital Strategie	• Experimentelle Phase	• Geschäfts- modell- Disruption adressiert • Digitale Bemü- hungen in Silos • Keine über- greifende Digital Strategie und Vision	• Grundstruktur für Digital Strate- gie liegt vor • Zwei Pole: digitales und traditionelles Business	• Digital Strategie in den Führungs- prozessen insti- tutionalisiert
Digitale Produkte und Dienstleistungen	• Sporadischer Einsatz von digi- talen Medien • Digitale Experi- mente	• Fortgeschrittene digitale Features in Silos/digitalen Inseln	• Kundennutzen mit digitalen Produkten und DL • Umsatz mit digi- talen Produkten und DL >30% vom Gesamt- umsatz	• Umsatz mit digi- talen Produkten und DL >50% vom Gesamt- umsatz • Daten als digitale Assets • Digitale Platt- form-Angebote
Digitale Vernetzung	• Auf konven- tionellem Weg vernetzt	• Vernetzung der Wertschöp- fungsketten • SW Vernetzung intern	• Digitale und analoge Touch- points werden vernetzt • SW Vernetzung intern	• Digitale und klassische Wert- schöpfungskette etabliert • Vernetzung intern und mit Kunden (digital und analog)
Organisation	• Traditionelle IT-Organisation • Teilbereiche beschäftigen sich mit digitalen Kompetenzen • Keine Budget- und Personal- zuweisung	• Traditionelle IT-Organisation • Fehlende Koordination der digitalen Anstrengungen, eingeschränkter Einsatz von Personal und Budget • Digitale Kultur existiert in Silos, aber nicht grup- penweit • GL befasst sich mit Innovation	• Agile Organi- sation im Aufbau (Lab, Chief Digital Officer, Transformation Manager etc.) • Entspre- chende Key Performance Indicators sind im Einsatz • Bereitstellung von Personal und Budget • Digitale Kom- petenzen in der Geschäftsleitung	• Digitale Governance gruppenweit • Starke digitale Kultur • Agile Organi- sation gebaut • Digitale Kompe- tenzen in GL • Digital Talent Management • Bonussysteme digital ausge- richtet
IT/HW und SW- Architektur	• IT HW/SW Standards erreicht	• IT HW/SW Standards aktiv herausgefordert	• State-of-the-Art IT HW/SW	• State-of-the- Art IT
Beispiele	Bäckerei, Bauindustrie	Zeppelin, SBB, Spitäler, Migros, Dormakaba	Localsearch, TA-Medien, Springer	Zalando, Amazon, Netflix

Abb. 1.9 Digital-Business-Transformation-Matrix – Digitalisierungsdimension. (Eigene Darstellung)

1. Die **Lean Enterprises** sind Unternehmungen mit lokaler Präsenz, breiter Angebotspalette und direktem Kundenkontakt. Change- und Transformation- Management spielen eine untergeordnete Rolle.
2. **Global Player** sind mit einem klar definierten Angebot wettbewerbsfähig und haben deshalb globale Marktpräsenz erlangt. Dank Changemanagement sind sie bezüglich Portfolio strategisch gut aufgestellt und das Operating Model konsequent darauf ausgerichtet. Sie sind aber bezüglich der Digitalisierung noch in den Anfängen.
3. **Traditional Enterprises in Convergence** sind lokale, respektive regionale Anbieter, welche erste digitale Präsenzen aufbauen.
4. **Global Player in Convergence** sind global aufgestellt und kombinieren ebenfalls traditionelle Geschäftsmodelle mit digitalen Offerings.
5. Der **Local Digital Champion** wiederum verfügt über ein breites, lokales Angebot, ist aber betreffend Digitalisierung bereits sehr weit.
6. Google und Amazon stellen typische **Global Digital Champions** dar. Sie haben eine globale Reichweite und sind bezüglich der Digitalisierung Trendsetter. Sie nutzen wirksam Plattformeffekte.

1.3.4 Strategische Pfade Globalisierung und Digitalisierung

Die Unternehmung hat eine Vorstellung, wo sie sich im Kontext von Globalisierung und Digitalisierung positioniert. Ausgehend von der gegenwärtigen Positionierung ist es wichtig, zu definieren, wo und wie sich das Unternehmen strategisch bewegen möchte. Von der gegenwärtigen Position aus kann ein Spieler eine Geschäftstransformationsstrategie entwickeln, als Organisation agiler werden, in digitale Prozesse/Fähigkeiten und digitale Vermögenswerte investieren oder international expandieren. Aufgrund einer Vielzahl von disruptiven digitalen Kräften auf dem globalen Markt müssen Unternehmen ihre aktuelle Situation proaktiv einschätzen und sich strategisch positionieren und zukunftsorientiert denken. Die idealtypische Positionierung ist nicht fix, sondern in Bewegung.

Die Spielmöglichkeiten sind mannigfaltig. In neun Fallstudien wurde untersucht, wie sich die Unternehmungen über die kommenden Jahre entwickeln möchten. Folgende Bewegungen sind in Kap. 2 anhand von Fallbeispielen festzustellen (siehe dazu auch Abb. 1.10):

Local Player goes digital: Swisscom expandiert mit local.ch im Bereich der Telefoneinträge. Wir zeigen anschließend die Digitalisierungsbemühungen des Universitätsspitals Zürich.

Digital Venture Expansion: Alibaba expandiert von China aus global. Ein gutes Anschauungsbeispiel ist die Zusammenarbeit von Alibaba und Richemont und damit die Möglichkeit für Alibaba, den Footprint global weiter auszubauen; das Fallbeispiel lesen Sie später in Abschn. 2.6.

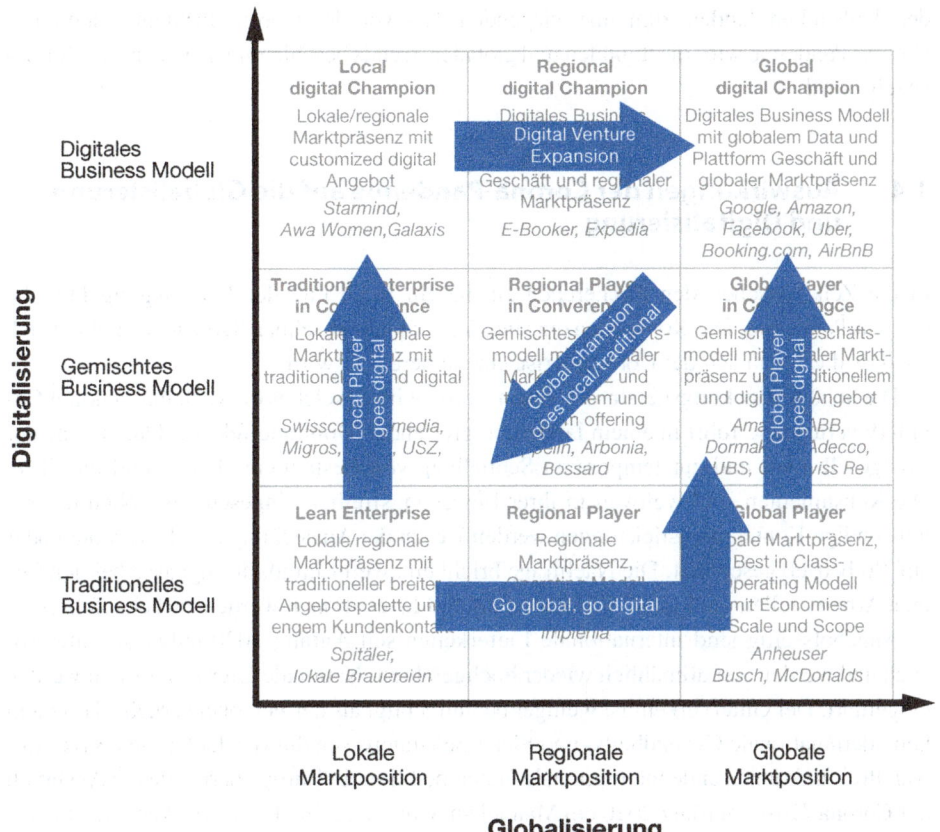

Abb. 1.10 Strategische Pfade Globalisierung und Digitalisierung. (Eigene Darstellung)

Global Player goes digital: Während mit der strategischen Partnerschaft von Alibaba und
  Richemont Ersterer die globale Expansion verstärkt, ist es für Richemont eine Möglichkeit, die Position im digitalen Bereich zu verstärken.

Global Champion goes local/traditional: Googles und Amazons Eintritt in die Schweiz
  oder Amazons Übernahme von Wholefood, einem gehobenen Detailhändler in den USA.

Go global, go digital: Dormakaba hat sich global noch breiter aufgestellt und investiert in die
  Digitalisierung. Wir zeigen in den nachfolgenden Fallstudien, wie Firmen in der Transport-
  und Uhrenindustrie wie auch die SIX Group als Finanzmarktinfrastrukturbetreiber noch
  globaler werden und in Richtung Digitalisierung vorstoßen (Abschn. 2).

Die Fallstudien zu diesen Ausführungen zur Digital-Business-Transformation-Matrix
finden sich in Kap. 2. Die Firmenvertreter erklärten jeweils die Ausgangslage, die Konkurrenzsituation, die Unternehmenskultur und in der Quintessenz den Plan, wie das jeweilige
Geschäftsmodell erfolgreich weiterentwickelt wird. Die Interviews und die Forschung zu

den Fallstudien fanden zum überwiegenden Teil vor der Corona-Pandemie statt. Die Corona-Pandemie wird die digitalen und globalen Trends beschleunigen, wie in Abschn. 1.4 gezeigt wird.

1.4 Auswirkungen der Corona-Pandemie auf die Globalisierung und Digitalisierung

In die Zeit zwischen den Recherchen zu diesem Buch und der Drucklegung fällt die Corona-Pandemie. Die Konsequenzen sind derzeit nicht absehbar. Trotzdem zeichnet sich ab, dass die Welt nach der Corona-Krise eine andere sein wird.

Die hohe Ansteckungsgefahr des neuen Coronavirus, welches die Lungenkrankheit Covid-19 verursacht, führt in einem länderübergreifenden Dominoeffekt zur Quarantäne der Zivilgesellschaft und zur temporären Schließung von Restaurants, Läden und Fabriken. Die Konsumenten sind weltweit in ihrer Bewegungsfreiheit eingeschränkt. Nichtlebensnotwendige Kontaktdienstleistungen werden wegen der Ansteckungsgefahr verboten oder auf Notbetrieb geschaltet. Die Nachfrage bricht ein, weil Liquiditätsengpässe bei den Firmen Arbeitsstellen gefährden. Privatkonsum und Investitionen werden zurückgefahren.

Angebotsseitig sind internationale Lieferketten seit Anfang 2020 teilweise unterbrochen und werden erst allmählich wieder hochgefahren. Nationale Grenzkontrollen werden eingeführt. Der Güterverkehr ist weniger beeinträchtigt als der Personenverkehr. Trotzdem behindern nationale Gesundheits- und Sicherheitsinteressen die vor der Corona-Krise einwandfrei funktionierende internationale Güterspedition. In Europa herrschte bei Ausbruch der Corona-Krise im März 2020 ein Mangel an Schutzmasken. Diese Masken und anderes medizinisches Schutzmaterial werden schwerpunktmäßig in China produziert. Die Masken gelangen nicht schnell genug in die betroffenen Länder. Die Versorgungssicherheit war infrage gestellt. Das global optimierte Produktions- und Verteilsystem erweist sich in dieser Krisensituation als einseitig kostenoptimiert und als wenig belastbar. Die internationalen Lieferketten werden zukünftig von den Unternehmen einem Stresstest unterzogen. Eine mehrgleisige Beschaffungsstrategie als Alternative zum Single Sourcing werden bei vielen Unternehmen an Priorität gewinnen. In diesem Sinne wird zukünftig eine Globalisierungsstrategie, welche die Wertschöpfungskette nur auf Effizienz und tiefe Kosten ausrichtet, auf den Prüfstand gestellt. Die Kriterien Sicherheit bei geschäftskritischen Prozessen, redundante Lieferketten und Notfallplanung werden nach der Corona-Krise höher gewichtet.[22]

Wenn es einen Gewinner in dieser Krise gibt, ist es die Digitalisierung. Die Corona-Pandemie wirkt bereits als Trendbeschleuniger. Die Strategien, um die Ausbreitung des neuen Coronavirus zu stoppen, beruhen auf sozialer Distanz, der Unterbrechung der Infektionsketten und der Isolierung von Risikogruppen bestimmter Personen. Soziale

---

[22] Vgl. Glaus: Umfrage bei 128 Schweizer Führungskräften in Fischer: Globale Verbindung, Handelszeitung, 20. Mai 2020, S. 6.

Kontakte und Geschäftskontakte werden weltweit praktisch gleichzeitig für den Eigen- und Fremdschutz in den digitalen Raum verlegt. Vor diesem Hintergrund erlebt die Digitalisierung auf globaler Ebene einen so nicht erwarteten Boom in Echtzeit. Sitzungen, informelle Besprechungen und sogar das Feierabendbier finden virtuell über Videotools statt. Das Homeoffice wird zum digitalen Nervenzentrum der vernetzten und dezentral koordinierten Unternehmung. Der Datentransfer und die Koordination entlang der nationalen und internationalen Wertschöpfungskette muss digital erfasst und gesteuert werden. Die Ausbildung auf allen Stufen wird in kürzester Zeit vom analogen in den digitalen Raum verschoben. Auch die Vorgänger der Millenniumgeneration lernen in einem digitalen Crashkurs in Echtzeit, die sozialen Medien für Geschäftszwecke zu bespielen und elektronische Zahlungssysteme zu bedienen. Digitale Geschäftsmodelle werden aufgrund der generationenübergreifenden digitalen Affinität der Konsumenten noch wichtiger für den Geschäftserfolg werden. Die Krise zeigt aber auch, wie wichtig eine stabile Infrastruktur und getestete Systeme für die Unternehmen im Ernstfall sind.

Der gleichzeitige und globale Angebots- und Nachfrageschock wird absehbar zu einer Rezession führen. Regierungen und Zentralbanken tun alles, um mit zusätzlichen fiskalischen und finanziellen Maßnahmen dem Schlimmsten entgegenzuwirken und die Auswirkungen auf den Konsum und den Arbeitsmarkt abzufedern. Worauf die Unternehmen nun besonders achten müssen, sind nach Ansicht der Autoren vier Punkte:

- Die Chancen und Risiken preisgünstiger langer Lieferketten müssen gegen robuste und kurze Lieferketten abgewogen werden.
- Als Folge der Corona-Pandemie wird sich das Konsumverhalten länderübergreifend signifikant abschwächen, da sich die Pandemie innerhalb von nur wenigen Monaten rund um den Erdball verbreitete. Im globalen Tourismus, einem der am stärksten betroffenen Sektoren, erwartet die Internationale Welttourismusorganisation in diesem Jahr 58 bis 78 % weniger internationale Ankünfte von Touristen, je nachdem, wann die Reisebeschränkungen gelockert werden.[23] Frühe Marktchancen eröffnen sich voraussichtlich nicht nur im Tourismus bei Kunden im nahen Einzugsgebiet.
- „Never waste a crisis."[24] So wie digitale Videokonferenzlösungen innerhalb weniger Wochen weltweit zum Standardkommunikationsmittel wurden, können sich aufgrund der höheren digitalen Kundenaffinität Marktchancen und internationale Rollout-Möglichkeiten für digitale Produkte und Dienstleistungen ergeben.
- Eine intakte Systemlandschaft im Unternehmen als Basis für eine Digitalisierungsstrategie ist zentral. Damit wird die strategische Frage betreffend digitale Make-or-Join-Strategie noch wichtiger.[25]

---

[23] Bernath: Tourismus auf der Intensivstation, Finanz und Wirtschaft, 23.05.2020, S. 15.

[24] Das Zitat wird Winston Churchill unter Bezugnahme auf die Bedingungen nach dem Zweiten Weltkrieg zugeschrieben.

[25] Vgl. Herausforderungen aus CEO Sicht – Make-or-Join, Abschnitt 4.4.3

Zum Zeitpunkt der Drucklegung des Buches im Sommer 2020 erwarten Schweizer CEOs eine der schlimmsten Rezessionen, welche es je gegeben hat. Sie sehen als wichtigsten Handlungsbedarf für das „New Normal" die Gestaltung einer robusteren und lokaleren Supply Chain und die Anpassung des Geschäftsmodells in Richtung Resilienz, Nachhaltigkeit und reduziertem Risiko. Damit wird das Rad der Globalisierung teilweise zurückgedreht. Als weiterer Handlungsbedarf wird die Digitalisierung genannt, was dem Thema in Zukunft zusätzlichen Schub geben dürfte.[26]

---

[26] Seestatt Experts: Covid-19, Fields of Action from the Perspective of Swiss CEOs, 14.05.2020.

Businesstransformation in neun exponierten Firmen

Zusammenfassung

Die Autoren führen Interviews mit CEOs von Schweizer Firmen aus neun Branchen. Die aktuellen Prioritäten und Vorgehensweisen werden anhand dieser Interviews und anhand von konkreten Fallstudien beleuchtet. In der Synthese aus den Interviews und Fallstudien einerseits und den branchenspezifischen digitalen und globalen Herausforderungen andererseits wird abschließend eine Toolbox für CEOs vorgeschlagen, um die digitale Transformation erfolgreich zu planen und umzusetzen.

Die Praxisbeispiele zeigen die aktuellen Herausforderungen von CEOs global tätiger Firmen auf. Die Herausforderungen der digitalen Businesstransformation in neun unterschiedlichen Industrien werden aufgezeigt und die jeweiligen Erkenntnisse zusammengefasst. Mit Beispielen aus den Bereichen Uhren, Retail, Logistik, Industrie, Finanzindustrie, Gesundheitswesen sowie Hotellerie zeichnen wir ein umfassendes Bild der unternehmerischen Fragestellungen von Schweizer CEOs.

2.1   Adecco Lee Hecht Harrison, Personaldienstleister – Wie ein Personaldienstleister den Serviceprozess mit Chatbots und Artificial Intelligence digitalisiert

Adecco Lee Hecht Harrison

Lee Hecht Harrison (LHH) ist ein Unternehmensbereich von Adecco und fokussiert sich auf die Unterstützung von Unternehmen und Einzelpersonen beim Wandel in der Arbeitswelt – durch Career Transition, Redeployment oder Talent Development. Die Adecco Gruppe ist der weltweit größte Anbieter für Personaldienstleistungen. Das Unternehmen vermittelt Stellen zwischen Arbeitgebern und Bewerbern. Das in der Schweiz ansässige internationale Unternehmen gehört zu den Fortune-Global-500-Unternehmen und ist an der SIX Swiss Exchange kotiert. Adecco ist in über 60 Ländern mit 33.000 Mitarbeitern in rund 5100 Niederlassungen vertreten. 1996 ging das Unternehmen aus der Fusion der Schweizer Adia Interim und der französischen Ecco hervor. Ranjit de Sousa, President, Lee Hecht Harrison, berichtet über deren Initiativen zur Digitalisierung.

LHH als Global Player in Convergence

Ranjit de Sousa bezeichnet Lee Hecht Harrisons Position als Global Player in Convergence. Lee Hecht Harrison (LHH) sieht sich hinsichtlich Digitalisierung weit fortgeschritten. So verfügt die Firma über eine global integrierte Plattform, ein Data Warehouse und eine eigene Toolbox. Die Umsätze mit Pure-Digital-Produkten sind noch nicht signifikant. LHH und auch die Muttergesellschaft Adecco sind durch Mergers gewachsen und haben eine breite geografische Abdeckung erreicht. Seit fünf Jahren investiert die Gruppe stark in die Digitalisierung. Externe Gefahren und Risiken haben diesen Digitalisierungsschub notwendig gemacht.

Die Adecco Gruppe als Ganzes setzt den Fokus ebenfalls auf Digitalisierung und hat eine entsprechende Initiative „Grow together" lanciert. Adecco investiert in verschiedene Innovationen, wie beispielsweise in die Chatbot Mya oder in die Internetplattform Adia.[1] Im Falle der Chatbox Mya werden bei Großaufträgen im Blue-Collar-Bereich zentrale Prozessschritte im Human-Ressource-Management digital erledigt. Ein virtueller Assistent kommuniziert mit den Kandidaten, erstellt eine Short List und lädt dann die Kandidaten zum Vorstellungsgespräch ein. Die Internetplattform Adia automatisiert wichtige Schritte, wie die Verwaltung der Kandidatenlebensläufe, die Festlegung der Suchkriterien sowie die Lohnzahlung und Rechnungstellung. Nichtsdestotrotz stellt Adeccos Geschäftsmodell weitgehend ein Bricks-and-Mortar-Business dar, das vorwiegend über M&A gewachsen ist. Die eingesetzten Technologien präsentieren sich als Flickenteppich. Es

---

[1] Gratwohl: Wie der digitale Wandel das Geschäft der grossen Personaldienstleister umkrempelt, Neue Zürcher Zeitung, 22.09.2017.

fehlen einheitliche Standards. Die Qualität der Technologieinfrastruktur ist sehr unterschiedlich. So gab es beispielsweise bis vor Kurzem Filialen ohne WLAN. Dies erschwert die Digitalisierung der Prozesse. Der Digitalisierungsprozess soll markant beschleunigt werden. Denn Adecco steht in harter Konkurrenz, insbesondere was die Digitalisierung des Geschäfts anbelangt. Der niederländische Konkurrent Randstad hat Monster.com übernommen, das weltweit zweitgrößte Jobportal. Die japanische Recruit Holdings mit rund 10 Milliarden USD Umsatz im Zeitarbeitsgeschäft verfügt in ihrem Portfolio über Indeed.com, das weltgrößte Online-Jobportal.[2]

Digitale Chancen und Gefahren für LHH
Ein wichtiger Nightmare Competitor stellt LinkedIn dar. LinkedIn hat Zugang zu über 300 Millionen Nutzern und prägt somit das Geschäft von Adecco maßgeblich. LinkedIn ist in allen Bereichen tätig, wo LHH ebenfalls aktiv ist. Dies gilt namentlich für die Rekrutierung, die Vermittlung und den HR-Servicemarkt (HR Services, Surveys). Es ist bislang eine sportliche Koexistenz, was auch von Microsoft als Eigentümer von LinkedIn unterstützt wird.

Weitere Gefahren kommen von der Job-Angebotsseite von Start-ups, welche rein digitale Geschäftsmodelle und eigene Marktplätze betreiben.

Auf der Nachfrageseite verändert sich aber auch das Kundenverhalten fundamental. Kandidaten suchen Informationen sofort und per Mobiltelefon. Sie erwarten Coaching on demand und weitere sofort verfügbare Services – und dies auch online.

Chancen ergeben sich im Zuge dieses Wandels, indem im Rahmen der Career Transition nebst der Technologie der menschliche Kontakt sehr wichtig ist. Die gezielte Ergänzung mit Chat-Box-Tools, d. h. Einsatz von standardisierten Fragen, Machine Learning, Gesichtszuganalyse, fördert einen „unbiased" Prozess und führt zu Effizienzgewinnen für Rekrutierer, indem die Hitrate auf 80 % gesteigert wird.

Wohin geht die Reise von LHH?
Ziel ist es für LHH, sich im Digitalisierungsraster auf Level 2–3 zu positionieren, d. h., das digitale Geschäft soll gleichbedeutend zum traditionellen Geschäft geführt werden (Abb. 2.1). Für LHH eröffnen sich dabei drei strategische Optionen, nämlich der Aufbau einer eigenen Plattform, womit Adecco zum Developer wird. Eine zweite Option ist jene des Orchestrators, d. h., Adecco wendet State-of-the-Art-Tools und -Systeme an, welche von Dritten ab Stange eingekauft werden. Eine weitere Alternative ist die Kooperation mit LinkedIn, d. h. Zusammenarbeit mit dem Feind. LHH konzentriert sich gegenwärtig auf die Orchestrator-Rolle, da sie dort ihre größten Stärken sieht.

LHH will nicht ein Pure-digital-Player werden. Konkurrenten haben sich als Pure-digital- Player positioniert, realisierten dann aber, dass das Brick-and-Mortar-Geschäft zu einem nachhaltigen Geschäftsmodell dazugehört. Die Möglichkeiten und Grenzen des

---

[2] Bilanz, Oktober 2018, S. 64 ff.

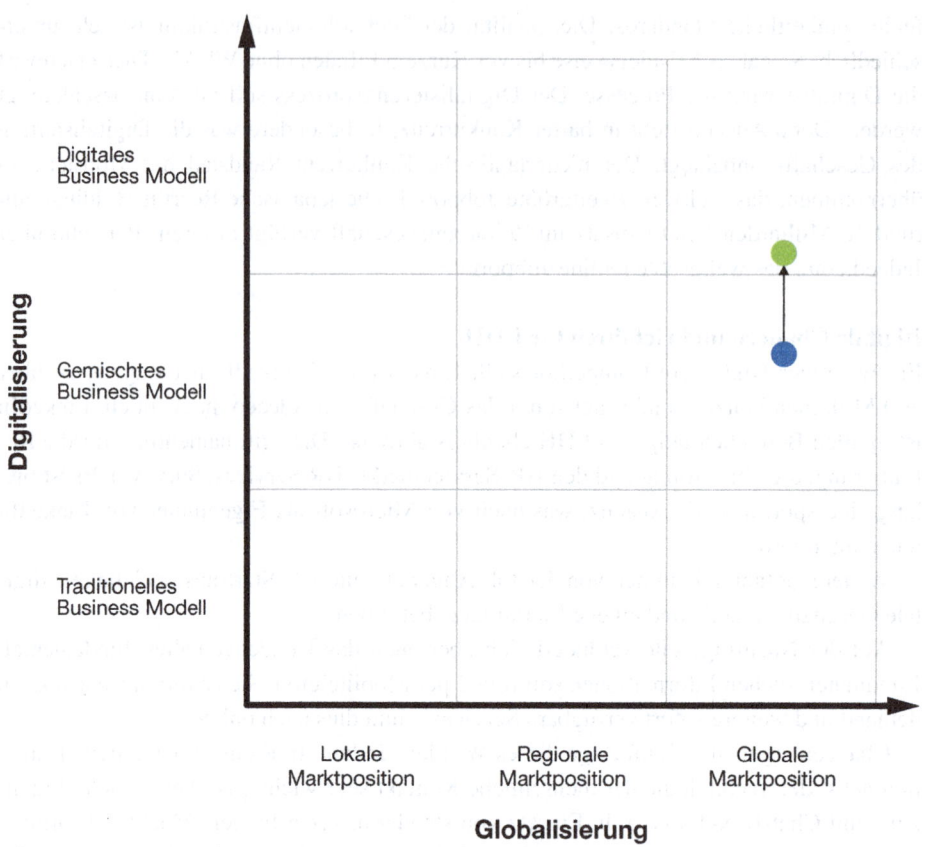

Abb. 2.1 Positionierung von Adecco Lee Hecht Harrison (LHH) in der Digital-Business-Transformation-Matrix heute und in 10 Jahren. (Eigene Darstellung)

Einsatzes von Technologien stoßen dann an Grenzen, wenn Kreativität und Empathie gefragt sind. Entscheidend ist zudem die Akzeptanzdimension, extern bei den Kunden wie auch intern bei der Belegschaft. Menschliche Interaktion ist notwendig für Akzeptanz. Die Führung einer globalen Organisation erfordert persönlichen Kontakt. Gemäß Alain Dehaze,[3] CEO von Adecco, braucht es auch Kenntnisse der Regulierungen in den einzelnen Märkten und Kapital. Viele Online-Dienstleister sind nur national tätig, weil sie eben nicht über die lokalen Kenntnisse bezüglich Rekrutierung in anderen Ländern verfügen.

Der Vertrieb verhält sich zurückhaltend gegenüber dem Einsatz dieser Tools. Die Mitarbeitenden im Vertrieb befürchten den Kontrollverlust. Der Einsatz digitaler Tools schürt auch Ängste, dass personenbezogene Vertriebsdienste einmal obsolet werden. Hier ist es entscheidend, dass den Stakeholdern der Nutzen aus dem Einsatz neuer Technologien vor

---

[3] Gratwohl: Wie der digitale Wandel das Geschäft der grossen Personaldienstleister umkrempelt, Neue Zürcher Zeitung, 22.09.2017.

Augen geführt wird. Ein Anschauungsbeispiel für den Nutzen digitaler Innovationen ist die Suche von Temporärkräften für die Lagerhäuser von Amazon. Das System sucht nach Mitarbeitenden, die bereit sind, für einen bestimmten Stundensatz zu arbeiten, und die Hintergrundprüfungen bestehen. Nur 10–15 % aller Erstbefragten erfüllen diesen Selektionstest. Adecco übernimmt diesen digitalen Selektionsprozess und schafft somit Nutzen für ihre Kunden, aber auch für den eigenen Vertrieb. Der Kunde profitiert von mehr Zielgenauigkeit und Geschwindigkeit im Rekrutierungsprozess. Der Vertrieb hat erkannt, dass mit dem Einsatz von Machine Learning mehr Umsatz und mehr Provision generiert werden, und dies mit weniger Aufwand.

De Sousa postuliert, dass man Experimente zulassen soll. Matchentscheidend ist ein gutes Monitoring von Playern mit Potenzial für disruptiven Wettbewerb, respektive radikalen Change. Das Auftauchen neuer Konkurrenten sollte eigentlich keine Überraschung sein. Die Player sind oftmals bekannt, und es gilt, diese zu beobachten und deren Verhalten zu analysieren. Reüssiert ein Nightmare Competitor, so haben oft die Großen nicht richtig zugehört. Adecco baut deshalb bewusst außerhalb des eigenen Geschäfts rivalisierende Plattformen auf. Ein Beispiel dafür sind digitale Marktplätze im Gastrogeschäft, wo das Servicepersonal sehr offen für neue Tools ist. Im Rahmen des Programmes CEO-for-a-Month hat eine Adecco-Führungskraft einen solchen Marktplatz aufgebaut. Ganz nach dem Motto von Caroline Frankenberger: „Wenn Du nicht selbst kannibalisierst, tut es jemand anders."[4]

Zudem gelangen das objectives, goals, strategies and measures-Framework (OGSM-Framework) von Procter & Gamble und KPIs für digitales Engagement zur Anwendung. Die Wertschöpfungskette beim Rekrutierungsauftrag soll besser vernetzt werden, in der internen Organisation wie auch extern mit den Kunden.

Mit welcher Organisation will LHH diesen digitalen Shift erreichen?
Adecco baut konkurrenzierende Plattformen auf. Dabei werden beispielsweise vier unterschiedliche Stoßrichtungen verfolgt:

1. **Worklife Lab**: Dieses Lab will digitale Innovationen aufspüren, welche das Kerngeschäft konkurrenzieren.
2. **Digital Lab**: Dabei handelt sich um ein Lab, welches in das traditionelle Business eingebettet ist. Damit wird aber das Ziel verfolgt, traditionelle Prozesse durch digitale zu ersetzen.
3. **Traditionelle IT-Struktur**: LHH/Adecco ist keine IT-Firma. Der CIO muss aber wissen, was Cutting-Edge-Technologien im Drittmarkt sind.
4. **Kompetenz in der Geschäftsleitung bezüglich digital** spielt eine große Rolle. Reverse Mentoring stellt sicher, dass die Kader auf dem neuesten Stand sind.

---

[4]Frankenberger: Mit Geschäftsmodell-Innovationen den Wandel meistern, 2018.

Key Learnings
- Grundsätzlich geht es darum, **Transparenz** zu schaffen, was im Markt passiert. Geeignete Strukturen sind notwendig, um diese Transparenz zu ermöglichen.
- **Speed-to-Market** ist entscheidend. Die Realität zeigt aber immer wieder, dass IT-Projekte nach dem Go-Entscheid dreimal länger dauern als geplant. Hier stellt sich die Frage, wie diese Geschwindigkeit erhöht wird. Prioritäre Corporate IT versus externe Applikationen sind gegenseitig abzuwägen.
- Oft ist es leider so, dass objektiv hilfreiche Tools (Recommendation Machines) nicht akzeptiert werden. Wie schafft man es, dass nicht nur die Geschäftsleitung, sondern auch das Kader und die Mitarbeiter ihr Bild in die Zukunft verändern? **Mindset shift** ist zentral. Die Betroffenen müssen den Bedarf zur Veränderung erkennen und verstehen; nur dann werden Veränderungen auch akzeptiert.

2.2 Universitätsspital Zürich USZ – Wie ein Universitätsspital mit Digitalisierung Patientensicherheit fördert und Effizienz- und Effektivitätssteigerung im Spitalmanagement erreicht

Universitätsspital Zürich

Das Universitätsspital Zürich (USZ) ist eines der größten Krankenhäuser der Schweiz und vereint 44 Kliniken und Institute unter einem Dach und bietet medizinische Grundversorgung und Spitzenmedizin. Mit rund 980 Spitalbetten und fast 300.000 Pflegetagen gehört das USZ zu den größten Spitälern der Schweiz. Mehr als 8200 Mitarbeitende aus 90 Nationen sind am Universitätsspital tätig. Darunter sind rund 1500 Ärztinnen und Ärzte sowie rund 2600 bestens ausgebildete Pflegefachpersonen und 900 medizinisch-therapeutische und medizinisch-technische Mitarbeitende. Hinzu kommen rund 2000 Mitarbeitende in nichtmedizinischen Berufen (u. a. in Supportbereichen wie Finanzen, Informatik, Facility Management und Gastronomie). Prof. Gregor Zünd, Vorsitzender der Spitaldirektion des Universitätsspitals Zürich, betrachtet das Universitätsspital als Expertenorganisation mit 120 Professoren und Ärzten. Mit flachen Hierarchien soll das Expertentum bewusst gefördert werden. Der Versorgungsauftrag ist lokal, aber die Forschung ist international. Der Anteil internationaler Patienten liegt unter 3 %.

Prof. Zünd betrachtet das Universitätsspital als Expertenorganisation, welche sich durch flache Hierarchien und eine föderalistische Organisationsstruktur auszeichnet. Analog zur politischen Struktur in der Schweiz mit starken Gemeinden und dem Bund, welcher sich auf Koordinationsfunktionen beschränkt, nehmen die Kliniken im Universitätsspital eine zentrale Rolle ein. Die Leitung des Universitätsspitals sieht sich als Dirigent des Orchesters und ist bemüht, die verschiedenen Player, d. h. Kliniken, in der Zusammenarbeit zu unterstützen.

Das Universitätsspital setzt betreffend Digitalisierung auf zwei wichtige Stoßrichtungen, *Digitalisierung als Mittel zur Förderung der Patientensicherheit*, zum anderen *Digitalisierung als Treiber zur Effizienzsteigerung und Transparenzförderung in der Spitalführung* (Abb. 2.2).

Digitalisierung als Mittel zur Förderung der Patientensicherheit
Patientenverwechslung, Einhaltung von Behandlungsstandards sowie die falsche Medikamentengabe stellen die zentralen Herausforderungen für die Patientensicherheit dar. Gemäß Prof. Zünd werden digitale Kontrollen eingeführt, um diese Risiken zu steuern. So existieren bereits diese Kontrollen, dass Katheter nicht länger als drei Tage verwendet werden. Es bestehen Kontrollmechanismen, dass der Medikamenteneinsatz gemäß Indikation und Interaktionsprofil erfolgt. Mit Blick auf die mittelfristige Zukunft werden smarte Helfer wie elektronische Armbänder, Wearables und Sensoren an Bedeutung gewinnen und damit die Versorgung der Patienten und die Patientensicherheit nachhaltig verbessern.

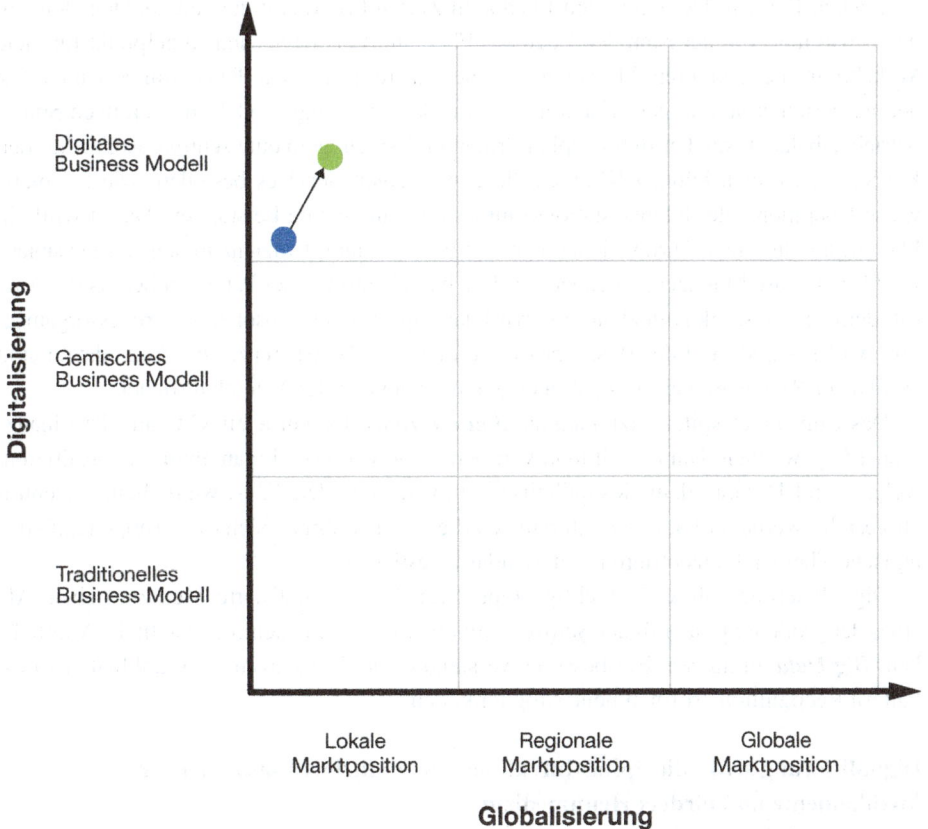

Abb. 2.2 Positionierung des Universitätsspitals Zürich in der Digital-Business-Transformation-Matrix heute und in 10 Jahren. (Eigene Darstellung)

Digitalisierung als wichtiger Hebel zur Effizienz- und Effektivitätssteigerung im Spitalmanagement

Im Büro von Prof. Zünd hängt ein Monitor, welcher das *Führungscockpit* für das Universitätsspital zeigt. Auf dem Cockpit sind die wichtigsten Führungskennzahlen dargestellt, welche monatlich, wöchentlich und tagesaktuell erscheinen. Das Cockpit ermöglicht dem Management, tagesaktuell die Bettenbelegung pro Klinik abzufragen. Für Zünd ist das Cockpit geeignet, um seine Experten über Daten und Fakten zu führen. Als Naturwissenschaftler schätzen Ärzte diesen faktenbasierten Approach. Das Cockpit zeigt Fakten pro Klinik und für die Spitalgruppe und schafft somit Transparenz und Strukturen, was die Diskussion versachlicht.

Mit State-of-the Art-Führungssystemen ist es möglich, *Prozesse zu automatisieren* und damit die Effizienz zu steigern. Ziel ist es beispielsweise, dass die Leistungserfassung bis zum Ende des Tages und die Rechnungstellung am nächsten Tag erfolgt.

Mit dem *digitalen Operating Model* will das Universitätsspital von der Digitalisierung profitieren. Das Universitätsspital ist in drei Hauptbereiche gegliedert, die stationäre und die ambulante Medizin sowie die Heimmedizin. Das Universitätsspital konzentriert sich auf den stationären Bereich. Der Circle am Flughafen Zürich beherbergt den ambulanten Bereich; damit will man von der zentralen Lage des Flughafens als Dreh- und Angelpunkt für viele Verkehrsströme profitieren. Mit neuen digitalen Instrumenten soll die Heimmedizin künftig neu ausgerichtet und aufgewertet werden. Was das Operating Model im operativen Spitalbetrieb anbelangt, spielen Betriebsplattformen und Spielregeln eine zentrale Rolle. Auf den Betriebsplattformen können Kliniken die gewünschten Services bestellen, wie beispielsweise Operationssäle, Intensivstationszimmer oder ambulante Leistungen. Damit wird ein Planungsmodus eingeführt, welcher Transparenz und damit Effizienz in den Betriebsabläufen fördert. Case Manager stellen sicher, dass beim Eintritt neuer Patienten bereits der Austritt definiert ist. Dank Digitalisierung wird der Papierverkehr obsolet, die Prozessorganisation wird gestärkt, und der Bestellprozess ermöglicht Transparenz. Die Folge davon sind 3000 mehr Patienten, mehr Indikationen und die Senkung der Aufenthaltsdauer.

Das Universitätsspital setzt auch auf *digitale Tools*. Es wurde ein CIO aus der Finanzindustrie gewonnen. Damit will man vom Know-how aus der Finanzindustrie profitieren, welche rund 15 Jahre dem Gesundheitswesen voraus ist. Die IT ist weitgehend dezentral aufgestellt. Kernapplikationen unterstützen die Front, während sich die Gruppen auf strategische Themen konzentrieren und Standards festlegen.

Digitalisierung soll auch wichtige Inputs für die personalisierte Medizin geben. Als eines der größten Spitäler in der Schweiz mit einer riesigen Datenflut besteht die Möglichkeit, *Big Data* zu nutzen. Ein besseres Verständnis der Tendenzen zu Krankheiten sowie Pattern Recognition eröffnen neue Möglichkeiten.

Digitalisierung senkt die Spital-Infektionsrate, reduziert Einsatz teurer Medikamente und fördert Heimmedizin

Dank Digitalisierung wird die Sicherheit gestärkt und damit die Spital-Infektionsrate gesenkt. Erhöhte Transparenz dank digitaler Tools hilft, den Einsatz teurer Medikamente zu reduzieren. Der Einsatz digitaler Systeme ermöglicht es, dass mehr Patienten im Rahmen der Heimmedizin zu Hause betreut werden. Digitalisierung wird auch dazu führen, dass das Hausarztmodell an Bedeutung verlieren wird. Zunehmend wird der Hausarzt durch hochqualitative Pflege ersetzt, welche mittels digitaler Tools in ihrer Arbeit beim Patienten zu Hause unterstützt wird.

Wo steht das Universitätsspital in fünf Jahren?
Zünd geht davon aus, dass das Universitätsspital noch mehr spezialisierte/hoch spezialisierte Medizin anbieten wird und der Anteil der Grundversorgung rund 20 % betragen wird. Das Universitätsspital wird über weniger Betten verfügen, und die Operationssäle werden von 48 auf 24 reduziert.

Der stationäre Anteil wird geringer, während der ambulante Bereich an Bedeutung gewinnen wird. Dies setzt aber voraus, dass der ambulante Bereich kundenfreundlich ist und dank guter Verkehrslage gut erreichbar ist, was mit dem Circle-Projekt gewährleistet ist. Die Heimmedizin wird dank **Personalized Medicine** gestärkt.

Key Learnings
- Digitale Führungssysteme, -prozesse und -tools sind wichtig, um Transparenz zu schaffen und damit eine **faktenbasierte Diskussionskultur** zu ermöglichen.
- Digitale Führungssysteme ermöglichen **effektive dezentrale Führung** in den operativen Einheiten und gleichzeitig eine zielgerichtete Koordination durch die Gruppenleitung.
- Eine gut strukturierte Prozessorganisation zeichnet sich durch **klar definierte Kernprozesse** aus, welche zur Effizienz und Effektivität in der operativen Führung beitragen.

2.3   Coop – Wie ein Retailer datengetriebene Geschäftsmodelle und digitale Lieferketten aufbaut

---

Coop
Coop ist genossenschaftlich organisiert und umfasst die beiden Bereiche Detailhandel und Produktion/Großhandel. Coop realisierte 2019 einen Gruppenumsatz von 29,6 Milliarden Schweizer Franken und hatte damit einen Marktanteil von 17,7 % in der Schweiz. Coop hat in den letzten Jahren die Migros umsatzmäßig überholt. Zum Vergleich: Der Nettoerlös des Migros-Konzerns belief sich im gleichen Jahr auf 27,3 Milliarden Schweizer Franken. Damit hatte die Migros in der Schweiz einen Marktanteil von 21,2 %.

Im Bereich Detailhandel betreibt Coop unter dem Eigennamen Supermärkte, Warenhäuser (Coop City), Restaurants, Heimwerkerbedarfsgeschäfte (Bau+Hobby), Apotheken (Coop Vitality) sowie Tankstellen- und Convenience-Shops (Coop Pronto und Coop Mineraloel AG). Der Online-Shop coop.ch ermöglicht die Bestellung von Artikeln aus dem Coop-Sortiment mit Heimlieferung.

Zum Bereich Detailhandel von Coop gehören ebenso die Unterhaltungselektronikketten Interdiscount und Dipl. Ing. Fust, der Online-Shop microspot.ch, das Möbelhaus LIVIQUE, der Beleuchtungs-Fachmarkt Lumimart, die Import Parfumerie, die Christ Uhren- und Schmuckgeschäfte, das Kosmetikgeschäft The Body Shop Switzerland AG, die Restaurantkette Marché und die größte Fitnesskette der Deutschschweiz Update Fitness.

2011 übernahm Coop Transgourmet, welches das zweitgrößte Belieferungs- und Großhandelsunternehmen Europas ist. Transgourmet bedient Gastronomie, Heime und andere Großkunden. Zusammen mit der Mehrheitsbeteiligung an Bell und den Produktionsunternehmen von Coop bilden diese Unternehmen den Bereich Großhandel/Produktion.

Reto Conrad, Leiter Informatik/Produktion/Services, spricht über die Digitalisierungsherausforderungen bei Coop.

Wie Coop Changemanagement praktiziert: klar ausgerichtetes Geschäftsportfolio, laufende Anpassung des Operating Model und Kostenfokus

Die Entwicklung von Coop über die letzten zwei Jahrzehnte ist gekennzeichnet von einer laufenden, konsequenten Anpassung an die Umfeldanforderungen. 2001 wurde unter dem Projektnahmen Coop Forte die Gruppe neu organisiert.[5] Die damals noch 14 regionalen Genossenschaften, welche ihrerseits über umfassende Managementfunktionen verfügten, wurden zu einer Genossenschaft mit einer einheitlichen Führung fusioniert. Obwohl heute als Genossenschaft organisiert, ähnelt die Organisation stark einer Aktiengesellschaft. Damit ging eine Trennung von operativer und strategischer Ebene einher, und der Verwaltungsrat als Gegengewicht zum Management wurde aufgewertet. Der Verwaltungsrat ist heute mit zehn Mitgliedern, davon 50 % Frauen, ein modernes und schlagkräftiges Gremium. Coop zeichnet sich durch markantes Wachstum aus, wobei Akquisitionen eine wichtige Rolle spielten. Das erworbene Großhandels- und Food-Service-Unternehmen Transgourmet verhalf Coop zu einem ausländischen Standbein; Transgourmet trägt als gewinnträchtiges Geschäft zur Margenstabilisierung in der Gruppe bei. Weitere Akquisitionen betrafen beispielsweise das Warenhaus EPA (2002), die Supermarktkette Waro (2003) oder das Elektrohaushalt- und Unterhaltungselektronikunternehmen Dipl. Ing.

---

[5] Vgl. Neue Zürcher Zeitung, 11.12.2018, S. 32.

Fust AG (2007). Im Vergleich zu Coop ist die Migros nach wie vor in aller Tiefe genossenschaftlich organisiert, und die Integration der Geschäfte ist weniger stark ausgeprägt.

Die Unternehmensentwicklung von Coop über die letzten 20 Jahre zeigt, wie durch gezielte Akquisitionen, aber auch durch interne Veränderungen der Aktionsradius geografisch und sortimentsspezifisch geschärft wurde. Das Operating Model wurde dank Vereinfachung der genossenschaftlichen Strukturen, Zusammenfassung der dezentralen Strukturen und Reduktion von Managementebenen optimiert. Damit wurde die Kostenstruktur laufend verbessert. Das Operating Model wurde schon früh von einer komplizierten Genossenschaftsstruktur in eine schlanke Managementstruktur umgebaut – aber immer noch mit einer Genossenschaft als Dachorganisation. Conrad sieht diesen permanenten internen Verbesserungsprozess als Voraussetzung, um Mittel für die Investitionen im Digitalbereich freizustellen.

Zusammenfassend positioniert sich Coop in unserer Matrix als gemischtes Modell, im Retail-Bereich als *Traditional Enterprise in Convergence*, Transgourmet als *Global Player in Convergence*. Coop sieht sich auch mittelfristig in dieser Position (Abb. 2.3).

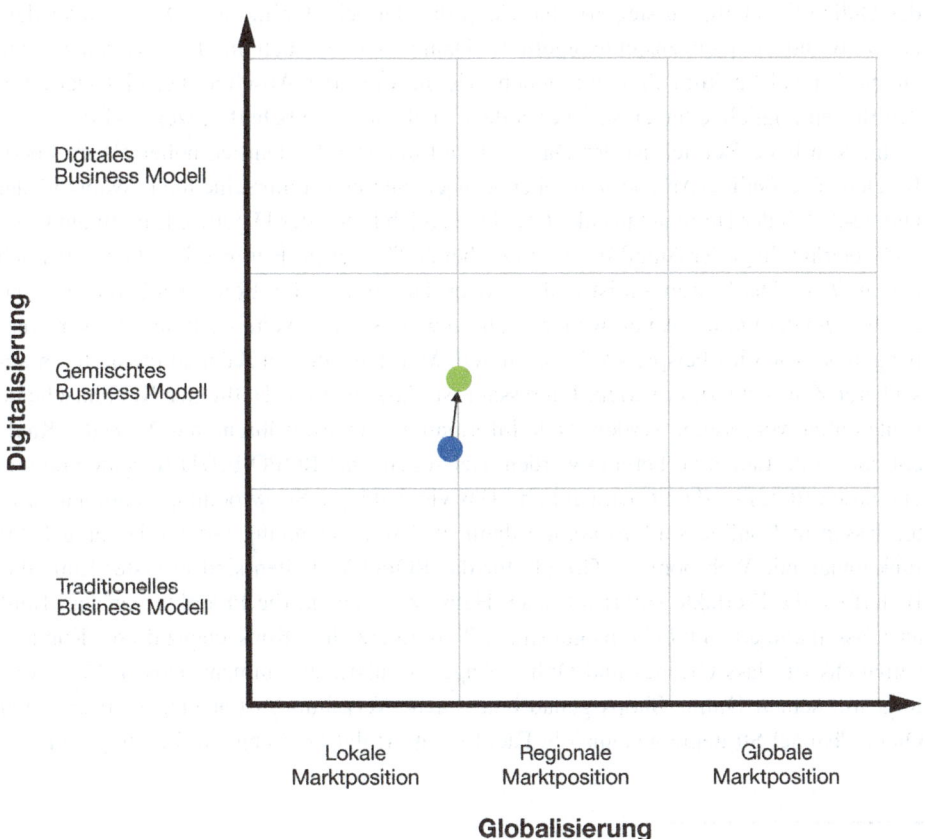

Abb. 2.3 Positionierung von Coop in der Digital-Business-Transformation-Matrix heute und in 10 Jahren. (Eigene Darstellung)

Die Digitalisierungsinitiativen von Coop zielen darauf ab, Online und Offline optimal zu verbinden

Mit Blick auf die Bedeutung des Online-Geschäfts muss zwischen Food und Non-Food unterschieden werden. Im Food-Bereich beläuft sich der Online-Umsatz (coop.ch) auf nur 2 % mit einem jährlichen Wachstum von knapp 10 %. Der Online-Bereich ist im Vergleich zum Offline-Geschäft von geringer Größe für Coop. Trotz des stattlichen Wachstums wächst der Online-Anteil aufgrund der kleinen Basis nur geringfügig. Die geringe Bedeutung des Online-Geschäfts im Food-Bereich ist im Wesentlichen auf drei Faktoren zurückzuführen. In der Schweiz gibt es eine hohe Dichte von Läden und damit ein großes Offline-Angebot, insbesondere auch für Frischprodukte. Das Leben wird immer schnelllebiger. Es wird eingekauft, wenn der Kunde einen konkreten Bedarf hat, das heißt immer kurzfristiger. Diesem Trend folgend wurde das Convenience-Sortiment im Offline-Bereich ausgebaut. Mit dem Format „Coop to go" wurde an Hochfrequenzlagen sogar ein neues, spezialisiertes Offline-Format etabliert. Obwohl im Online-Bereich besonderes Augenmerk auf die Qualität der Frischprodukte gelegt wird, schätzen die Kunden die Möglichkeit, die Frischprodukte in den Offline-Formaten selbst auswählen zu können. Um die Attraktivität des Online-Geschäfts zu steigern, hat Coop die Bereiche Online und Offline unter dem neuen Brand coop.ch zusammengeführt. Damit werden auch im Food-Bereich echte Omni-Channel-Funktionalitäten möglich, wie im folgenden Abschnitt beispielsweise mit den Bestellmöglichkeiten „reserve & collect" und „order on behalf" gezeigt wird.

Im Non-Food-Bereich ist der Online-Anteil mit 16,9 % deutlich höher als im Food-Bereich. Die Online-Anteile sind aber je nach Segment unterschiedlich. Während der Online-Anteil der Heimelektronik 36 %, im Bereich Foto oder IT/Office Equipment sogar 50 % beträgt, liegt der Anteil bei Textilien bei 20 % oder im Heimwerker-/Gartenbereich bei nur 7 %.[6] Die Disruption ist in den letzten Jahren in vielen Bereichen bereits erfolgt. Auch wenn der Online-Anteil weiter wachsen wird, so sind weitere tektonische Verschiebungen, so wie dies beispielsweise nach dem Markteintritt von Zalando passierte, in absehbarer Zeit nicht zu erwarten. Interessant ist, dass über die Hälfte der Kaufentscheide heute online vorbereitet werden (erste Informationsquelle), während nur 23 % der Kaufentscheide im Laden vorbereitet werden. Der sogenannte ROPO-Effekt (research online, purchase offline) ist damit beträchtlich.[7] Das viel beklagte Showrooming (stationär beraten lassen und online kaufen) kommt damit viel weniger häufig vor als das umgekehrt funktionierende Webrooming. Gründe für das ROPO-Verhalten sind in erster Linie das Bedürfnis, die Produkte sofort mit nach Hause zu nehmen, die Produkte vor dem Kauf anzufassen und einen möglichst günstigen Preis zu erzielen. Konsequenz dieses Kundenverhaltens ist, dass Offline- und Online-Angebote näher zusammenwachsen. Coop verfolgt mit seinen Online-Shops genau eine solche Verzahnungsstrategie, im Fachjargon Omni-Channel-Strategie genannt. Je Fachformat erfolgt eine enge Verbindung von On-

---

[6] VSV Verband des Schweizerischen Versandhandels/GFK, Studie März 2020.
[7] VSV Verband des Schweizerischen Versandhandels, Medienmitteilung 28.02.2019.

line- und Offline-Welt durch die Vernetzung der IT-Systeme. Damit wird den Kundenerwartungen Rechnung getragen. Coop bietet Dienstleistungen wie „reserve & collect" und
„order on behalf" an. Bei „reserve & collect" reserviert der Kunde die Ware online und
holt sie offline ab. Bei „order on behalf" bestellt der Verkaufsberater in der Verkaufsstelle
für den Kunden, und die Auslieferung erfolgt zum Kunden nach Hause, beispielsweise für
Artikel, die in der Verkaufsstelle nicht vorrätig sind. Die neuen technischen Möglichkeiten
erlauben es, die Ladenflächen zu reduzieren. Läden müssen jedoch mehr bieten. Deshalb
werden die Läden ergänzt mit Kaffee-Nischen, Dienstleistungen und Erlebniswelten. Ab-
sicht ist es, das teure Filialnetz zur Marktdifferenzierung zu nutzen. Best Buy, der ameri-
kanische Händler von Unterhaltungselektronik und Haushaltgeräten, macht es vor. Dort
werden mehr als 50 % der Online-Bestelllungen in der Filiale abgeholt oder von der Filiale
an die Kunden nach Hause verschickt. Store-within-a-Store-Konzepte mit bekannten Mar-
kenanbietern vor Ort werten die Attraktivität der Läden auf. Best Buy zeigt, wie auf das
veränderte Kundenverhalten mit Geschwindigkeit, datengetriebenen Geschäftsmodellen
und digitalen Lieferketten reagiert wird.[8]

Microspot positioniert sich als Digital Champion und verfolgt eine Pure-Play-Online-
Strategie. Microspot baut auf die Unterhaltungselektronik als den stärksten Pfeiler im
Online-Kernsegment und hat das Sortiment zu einem breiten Online-Warenhaus ausge-
baut. Das eigene Produktsortiment wurde zudem durch einen Marktplatz ergänzt. Auf
diesem Marktplatz verkaufen Coop und Dritte unter ihrem jeweiligen eigenen Namen
Produkte gegen eine an Microspot zu bezahlende Kommission. Microspot operiert im On-
line-Bereich als Pure-Player mit weniger Beratung und damit mit tieferen Preisen. Der
Einstieg in neue Online-Geschäftsfelder kostet aber Geld und ist mit Risiken verbunden.
Mit Siroop hat Coop nicht reüssiert. Conrad sieht die Hauptgründe darin, dass ein attrak-
tives Basissortiment fehlte und damit auch die Frequenz nicht ausreichend war. Der
Marktplatz von Siroop erreichte die kritische Größe nicht. Die Lehren daraus fließen nun
direkt in den Marktplatz von Microspot ein, bei dem mit der Unterhaltungselektronik mit
vielen Stammkunden genau eine solche Basisfrequenz und damit eine ideale Ausgangslage für einen Marktplatz gegeben ist. Im Vergleich dazu ist die Migros mit Galaxus in der
Schweiz präsent und dringt nach Deutschland vor. Die Expansion erfolgt in enger Zusammenarbeit mit Digitec.[9]

Sprachassistenten und Analytics als bedeutendste disruptive Kräfte
Conrad erwähnt zwei disruptive Kräfte, nämlich digitale Plattformen (wie beispielsweise
digitale Sprachassistenten) und Analytics. Amazon setzt bereits Sprachassistenten ein. Damit könnte sich zwischen Händler – beispielsweise Coop – und Konsumenten ein Dritter
einschieben. Mit Sprachassistenten verbunden ist die Gefahr, dass die Kunden weg vom

---

[8] Vgl. Neue Zürcher Zeitung, 10.06.2017, S. 33.

[9] Kübler: Was bei Siroop schief lief und was Galaxus besser macht, Werbewoche, 21.06.2018.

Retail-Händler gelenkt werden. Es besteht in einem solchen Szenario das Risiko für Coop, zum Logistikunternehmen für Amazon degradiert zu werden. In letzter Zeit hat sich aber gezeigt, dass die Sprachassistenten doch nicht so stark für das Online-Shopping eingesetzt werden, wie zuerst von den Händlern befürchtet.

Amazon und Google spielen eine Vorreiterrolle, im Analytics-Bereich die riesigen Datenmengen besser kommerziell zu nutzen. Sie sind global aufgestellt, verfügen über das Know-how und sind somit lokalen Playern wie Coop überlegen, was für Letztere ein Risiko darstellen kann.

Welche Transformation-Tools für einen Retail-CEO wichtig sind

Die Bedeutung der Technologie nimmt in vielen Branchen, so auch im Retail, zu. Coop wird immer mehr zum Technologieunternehmen. Mit SAP wurde in ein leistungsfähiges ERP-System investiert, und damit verbunden wurden ebenfalls große Rechenzentren notwendig. Diese Investitionen werden künftig immer mehr durch Cloud-basierte Services abgelöst. Die Einmalkosten im Zusammenhang mit Investitionen nehmen dadurch ab, demgegenüber steigen aber die laufenden Kosten. Die Herausforderung ist jedoch, dass im Veränderungsprozess die Kosten für die Cloud-Services nicht deutlich schneller ansteigen, als die Kosten der traditionellen On-Premise-Lösungen abnehmen. Technologiemanagement und insbesondere die betriebswirtschaftliche Führung werden dabei immer wichtiger; dazu gehören Kostentransparenz und Projektmanagement-Skills.

Große Bedeutung kommt dem **agilen Projektmanagement** zu. Agiles Projektmanagement hinterfragt Rollen, Prozesse und Projektpläne nicht aus der klassischen Vorgehensweise. Stattdessen legt es Wert darauf, Stakeholder während des gesamten Projekts intensiv einzubeziehen und ihnen regelmäßig Ergebnisse zu liefern. Die Scrum-Vorgehensweise, Sprint-Entwicklungseinheiten und gemischte Teams mit Kundenvertretern und Entwicklern als Beispiele werden zu gängigen Führungsinstrumenten. Trotz kooperativem Führungsverhalten, welches diesen agilen Führungsformen zugrunde liegt, stellt sich immer mehr die Frage, wann es an der Zeit für einen Chef-Entscheid ist.

Gerade im Retail-Bereich kommt dem Kostenfaktor eine permanente Rolle zu. Im Budgetprozess besteht hoher Kostendruck, und Conrad meint: „Budgetgespräche sind auch Knetgespräche."

Im Retail spielen drei Faktoren eine wichtige Rolle, um dem drastisch veränderten Kundenverhalten entsprechen zu können, nämlich Geschwindigkeit, datengetriebene Geschäftsmodelle und digitale Lieferketten. Conrad bestätigt diese Hypothese und sieht sie insbesondere im Elektronikbereich bestätigt. Leute bestellen am Morgen und erwarten Auslieferung oder Abholung der Ware am Abend.

Im Zuge der Digitalisierung sieht Conrad weniger das Risiko eines Personalabbaus. Im Falle von Coop wird mit der gleichen Anzahl Mitarbeitenden mehr umgesetzt. Das Datenwachstum im SAP-System nimmt markant zu. Damit verbunden sind entsprechende Kosten. Die Datenmenge steigt bei einstelligem Umsatzwachstum um 30 % pro Jahr. **Hochspezialisierte Profilanforderungen für Mitarbeitende** sind gefragt. Vermehrt werden zum Beispiel Leute mit fundiertem Mathematik- oder Statistikwissen angestellt, um die Datenmengen und die damit verbundene Komplexität besser zu managen.

Key Learnings
- Die erste Disruptionsphase scheint im Retail-Sektor bereits überwunden. **E-Commerce** hat sich etabliert und ist auf **Augenhöhe mit dem stationären Handel**. Permanentes Changemanagement, namentlich konstantes Hinterfragen der Kostenstruktur und Optimierung der Prozesse, ist zentral.
- Analytics, Sprachassistenten sind Beispiele, wie der Retail-Sektor mittelfristig weiter umgepflügt wird. Sie haben das Potenzial, die Position lokaler und regionaler Detailhändler herauszufordern, da geografische Grenzen verschwinden.
- Die Abgrenzung zu anderen Industriesektoren verändert sich fundamental. Der **Aktionsradius der Sektoren Retail, Transport und Logistik, ICT werden neu definiert.**

2.4   Zeppelin – Wie Zeppelin digitale Nightmare Competitors kreiert und damit das eigene Geschäft kannibalisiert

Zeppelin
Die Zeppelin GmbH in Friedrichshafen/Garching bei München ist aktiv im Bereich Vertrieb und Service von Baumaschinen, Vermietung, Antriebs- und Energiesysteme sowie Engineering und Anlagenbau. Der Konzern ist mit rund 8000 Mitarbeitern in 190 Standorten in 35 Ländern vertreten und erwirtschaftet einen Umsatz von rund drei Milliarden Euro. Gesellschafter des Konzerns sind die Zeppelin-Stiftung und die Luftschiffbau Zeppelin GmbH.

Zeppelin Baumaschinen ist der Vertriebs- und Servicepartner des amerikanischen Herstellers Caterpillar in Deutschland, Österreich, Osteuropa, Russland und Zentralasien. Zudem werden Kunden über Einsatz, Finanzierung und Generalüberholung gebrauchter Baumaschinen sowie Steuerungs- und Überwachungssysteme beraten. Zeppelin ist Full-Service-Anbieter rund um Baustellen bis hin zu Flottenmanagementsystemen. Der Kundenstamm umfasst die Bauindustrie, Landwirtschaft und industrielle Anwendungen.

Zeppelin Rental ist ein Vermietdienstleister für die Bereiche Bau, Industrie, Handwerk und Event. Das Portfolio umfasst Baumaschinen und -geräte, temporäre Raum- und Infrastrukturlösungen, Verkehrsleitführung, Prüfdienstleistungen, Schulungen sowie Lösungen im Bereich Flotten- und Projektmanagement, Baulogistik und Energieversorgung.

Die Geschäftseinheit Z Lab, die 2016 neu gegründet wurde, beschäftigt sich mit der digitalisierten Baustelle und entwickelt für die Bauwirtschaft und verwandte Branchen wie Logistik und Infrastruktur neue digitale Geschäftsmodelle. Klickrent, eine herstellerunabhängige Plattform für das Mieten und Vermieten von Baugeräten, Baumaschinen und Fördertechnik ist das erste eigenständige B2B-Venture der Geschäftseinheit.

Die digitale Transformation bei Zeppelin basiert auf vier Säulen, nämlich der *Transformation des bestehenden Geschäfts*, dem *Aufbau neuer Geschäfte*, der *Nutzung von Daten rund um Baustellen* sowie der *Befähigung der Mitarbeitenden* (Abb. 2.4).

„Wenn Du nicht selbst kannibalisiert, tut es jemand anders."[10]
Vor rund 5 Jahren wurden die Zeppelin-Mitarbeiter befragt, wie „Nightmare Competitors" aussehen, welche über das Potenzial verfügen, das Stammgeschäft von Zeppelin grundlegend herauszufordern. Dabei stellte sich heraus, dass dieser „Killer-Konkurrent" kein bekannter Wettbewerber des Konzerns sein würde, sondern ein unbekannter, eventuell sogar industriefremder Konkurrent. Zeppelin Rental hat alle Assets (also Maschinen, Geräte usw.) im eigenen Besitz, sodass Kunden schnell bedient werden können. Dieses traditionelle Geschäftsmodell ist teuer, schlecht skalierbar und an lokale Öffnungszeiten gebunden. Im Gegensatz dazu haben Anbieter mit breit gefächertem Vermietungsangeboten das Potenzial, das Kerngeschäft von Zeppelin obsolet zu machen. Somit beschloss Zeppelin, dieses Geschäftsfeld selbst zu besetzen. Ganz nach dem Motto: „Wenn Du nicht selbst kannibalisierst, tut es jemand anders."[11] Daraus entstand die neue Geschäftsidee von klickrent, nämlich der Aufbau einer eigenen, herstellerunabhängigen Plattform im Vermietungsgeschäft für Baumaschinen. Ein Shareconomy-Modell für Baumaschinen und -geräte bietet Vorzüge hinsichtlich Auswahl an Geräten, Verfügbarkeit, Nähe und Komfort gegenüber den traditionellen, lokalen Kanälen.[12]

---

[10] Frankenberger: Mit Geschäftsmodell-Innovationen den Wandel meistern, 2018.

[11] Frankenberger: Mit Geschäftsmodell-Innovationen den Wandel meistern, 2018.

[12] Göpfert: Europas erster digitaler Mietmarkt für Baumaschinen, Digital Leader Awad 2016 – Zeppelin, 31.07.2016.

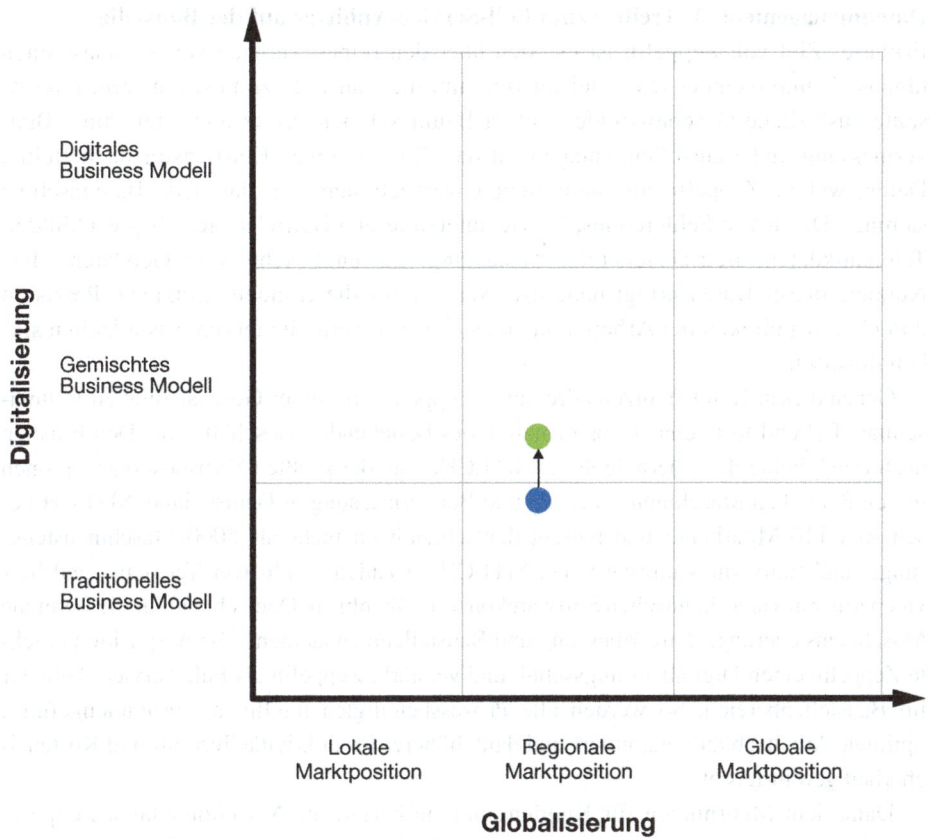

Abb. 2.4 Positionierung von Zeppelin in der Digital-Business-Transformation-Matrix heute und in 10 Jahren. (Eigene Darstellung)

Vorbildfunktion kam dabei booking.com zu, eine Plattform, die über ein Jahrzehnt brauchte, um sich im Markt zu etablieren. Gleich verhält es sich für klickrent. Akzeptanz der Kunden lässt sich nicht über Nacht herstellen, sondern es braucht Zeit, so Gerstmann. So soll der klassische Mietprozess schrittweise digitalisiert und in neuen Umfeldern zur Anwendung gelangen, herstellerunabhängig und in neuen geografischen Gebieten. Eine der größten Herausforderung lag aber darin, zunächst die Rental-Prozesse zu analysieren, schlanker zu gestalten und zu automatisieren, bevor man sie digitalisieren konnte. Längerfristig geht man bei klickrent von einer Steigerung der Zahl der Vermietpartner verschiedener Hersteller, der Erweiterung des Produktportfolios (auch für Landwirtschafts- und Spezialmaschinen), steigenden Kundenzahlen und einer Etablierung neuer Vertriebswege aus. Mit Klickparts, Klickused sowie Klickservice sind bereits eine Reihe weiterer Plattformen in der Umsetzung.

Datenmanagement als Treiber zum Full-Service-Anbieter auf der Baustelle
Erklärtes Ziel von Zeppelin ist es, sich über den reinen Vertrieb von Baumaschinen hinaus als umfassender Dienstleister rund um die Baustelle zu positionieren. Interessante zusätzliche Geschäftsfelder stellen Baumaschineneinsatz und -steuerung, Bauvermessung und Baustellenmanagement dar. Ein wichtiges Einstiegstor dazu stellen Daten, welche Zeppelin im Baumaschinenvertrieb sammelt, dar. Jede Baumaschine sammelt Daten wie Fehlercodes, Serviceintervalle und Betriebsdaten (bspw. Ölbilder, Telematikdaten, Betriebsleistung, Auslastung, Lastengewichte und Geodaten). Die Nutzung dieser Daten bringt handfeste Vorteile für die Kunden: Effizienz, Präzision und Geschwindigkeit der Arbeiten lassen sich verbessern, die teuren Ausfallzeiten sinken drastisch.

Genau diesen Kundennutzen adressierte Zeppelin mit seiner Geschäftseinheit Baumaschinen EU und löste eine Transformation des bestehenden Geschäfts aus. Den Einstieg dazu ermöglichte die Übernahme der SITECH, eine der größten Vertriebsorganisationen in den Bereichen Maschinensteuerung und Bauvermessung in Deutschland. SITECH beschäftigt 110 Mitarbeiter und betreut deutschlandweit mehr als 5000 Maschinensteuerungs- und Bauvermessungssysteme. SITECH ist zudem exklusiver Vertriebs- und Servicepartner des amerikanischen Softwarekonzerns Trimble in Deutschland für die Bereiche Maschinensteuerung, Bauvermessung und Baustellenmanagement. Die Akquisition brachte Zeppelin einen Digitalisierungsschub und verstärkt Zeppelin als Full-Service-Anbieter im Baustellenbereich. So werden alle Prozessbeteiligten intelligent zusammengeführt, optimale Arbeitsabläufe garantiert und dank höherer Produktivität Termin- und Kostensicherheit gewährleistet.

Dank dem Mehrnutzen für Kunden sind sie bereit, die Maschinendaten Zeppelin zur Nutzung zur Verfügung zu stellen. Die Kundenvorteile sind vielfältig. Mit dem Einsatz dieser Technologien kann die Positionierung der Baggerschaufel auf idealer Höhe mittels 3-D-Geländemodell vorgenommen werden. So werden unnötiger Materialmehraushub und Nacharbeit vermieden und eine gleichbleibende Performance über den ganzen Tag gewährleistet. Wenn über längere Zeitperioden statt vier Schaufelladungen nur drei notwendig sind, führt dies zu substanziellen Ergebnisverbesserungen für den Kunden. In nur einem Arbeitsgang wird die geplante Geländekontur erstellt, und der klassische Vermessungsaufwand entfällt. Neben der ständigen Abgleichung der Ist- und Soll-Höhe schätzen die Anwender in der Kabine vor allem die übersichtliche Darstellung der Draufsicht, des Längs- und Querprofils, der Höhendifferenz, der Stationierung, des Querwerts der Achse sowie der absoluten Position. Der Baustellenleiter kann den Baufortschritt schnell und zuverlässig überprüfen. Zeppelin offeriert ebenfalls Lösungen zur Baustellen- und Verkehrssicherung. Dazu gehören die fachgerechte Absicherung von Verkehrsprojekten, Baustellen und Veranstaltungen. Namhafte Kunden wie die Deutsche Bahn oder LafargeHolcim gehören zum Kundenstamm.

Z Lab als Initiator für disruptive Geschäftsinnovationen

Die ersten Gehversuche mit Digitalisierung waren beschwerlich. Es stellte sich heraus, dass Verhaltensweisen wie Out-of-the-box-Denken und Scheiterndürfen sich innerhalb eines Konzerns als schwierig gestalten. Deshalb wurde mit Z Lab eine unabhängige Geschäftseinheit gegründet, welche genau diese unverbrauchte, unabhängige Sichtweise in den Konzern tragen soll. Rund 70 Mitarbeiter beschäftigen sich mit der Identifikation und der Starthilfe von neuen Geschäftsfeldern für Zeppelin. Dieser Thinktank soll die notwendige Agilität fördern, indem neue Methoden wie User-Centered-Design, agile Entwicklung (Lean Development) und ein neues Mindset in die Organisation Einzug halten. Neue Geschäftsideen werden entwickelt und bei Erreichung des notwendigen Reifegrades in ein eigenständiges Venture überführt.

Auf Gruppenstufe wurde die Stabstelle Digital Business Transformation etabliert und mit einer Person mit integrativen Fähigkeiten als Digital Leader besetzt. Wichtig ist ebenfalls, dass die gesamte Organisation in diesem Digitalisierungsprozess eng geführt wird.

Mitarbeiter befähigen heißt, Akzeptanz schaffen. Entscheidend dabei ist, dass sie neue digitale Tools akzeptieren. Ein Weg dazu ist Z Net, gewissermaßen ein Facebook für Zeppelin. 4000 von 8000 Mitarbeitern nehmen an diesem Collaboration-Projekt bereits teil. Mitarbeiter kommunizieren dabei neue Ideen sofort digital via Z Net. Im Nu verbreiten sich neue Ideen, werden diskutiert, verworfen oder als entwicklungsfähig beurteilt.

Zeppelin hat die IT der zwei Geschwindigkeiten erkannt: einerseits traditionelle IT-Tools, zum anderen agile Technologien. SAP wurde vor 10 Jahren eingeführt und bildet ein wichtiges Fundament für die Betriebsprozesse, kommt aber immer mehr auch für agile Projektmethodik zum Einsatz.

Key Learnings

- Man braucht **eine Perspektive**, um sich von bestehenden Abläufen zu lösen und neue digitale Prozesse auszuarbeiten. Reden über das, was möglich wäre, reicht nicht. Zeppelin hat mit dem Z Lab einen Thinktank geschaffen und diesen mit den notwendigen Ressourcen ausgestattet, um digitale Initiativen zu testen und einzuführen.
- Bestehende Prozesse werden durch neue Vorgehensweisen ersetzt. Neue Produkte und Services entstehen. Die Bereitschaft dazu und die dafür **nötige Offenheit** sind erfolgskritisch. Wichtig ist dabei, dass dies vom Management vorgelebt wird.
- Gewohnte Aufgabenfelder müssen verlassen und neue erarbeitet werden. Dafür ist es wichtig, dass die Mitarbeiter den **Mehrwert der Umstrukturierung** sehen. Die Erfahrung zeigt, dass das nur anhand **sichtbarer Ergebnisse** und mit erheblichem **Durchhaltevermögen** funktioniert.[13]

---

[13] Vgl. dazu: Andreas Müssle, Geschäftsbereichsleiter Key Components & Service bei Zeppelin Systems, in: Florian: Die Erfolgsfaktoren für Ihre Digitalisierungsstrategie, 05.04.2017.

2.5   Schweizer Transport- und Logistikindustrie – Wie eine traditionelle Industrie durch disruptive Kräfte fundamental verändert wird

Schweizer Transportindustrie

In der Schweiz domizilierte Logistiker spielen eine maßgebliche Rolle auf dem globalen Parkett. Nicht weniger als drei Logistiker, Kühne & Nagel, Panalpina (2019 akquiriert von DSV) und Ceva Logistics, gehören weltweit zu den 20 größten Logistikern. Die Transportbranche befindet sich in einem fundamentalen Wandel. Gründe dafür sind unter anderem der Welthandel mit Wachstumsraten, die unter Druck stehen. Der Handelskrieg zwischen den USA und China und die Auswirkungen der Corona-Pandemie führen zu großen Unsicherheiten. Es findet ein Verdrängungskampf zulasten der Margen statt. Die Digitalisierung bringt auch neue Konkurrenz. Das Beratungsunternehmen Oliver Wyman prognostiziert, dass konventionelle Geschäftsmodelle in der Logistik bis 2030 von voll-digitalen und hybrid-digitalen Modellen abgelöst werden.[14]

Die Schweiz ist auch ein wichtiger Standort für die Schifffahrt. Es ist bekannt, dass die wichtigsten Rohstoffhändler in der Schweiz am Genfer See und in Zug ansässig sind. Weniger bekannt ist, dass sich vor allem Genf zu einem wichtigen Standort für die internationale Schifffahrt entwickelt hat. Im privaten, physischen Rohstoffhandel ist die Region Genf unangefochten weltweit führend. Gleichzeitig hat sich in der Genfer Region ein Schifffahrtscluster mit rund 200 Unternehmen entwickelt. Die von der Schweiz aus betriebene Flotte belegt in der Lloyds-Weltrangliste Platz 23.[15] Die Autoren verfügen über langjährige Erfahrung als Manager, CFO und Berater im Transportsektor und berichten über ihre Einschätzungen.

Disruptive Kräfte im Transportsektor

Im Transport- und Logistiksektor besteht die Hauptaufgabe darin, dafür zu sorgen, dass Güter zur richtigen Zeit, am richtigen Ort und unter den bestmöglichen Bedingungen ankommen. Die Herausforderung wird erschwert, weil sich der Sektor durch sehr komplexe Interaktionen auszeichnet. Viele Akteure wie Verteiler, Endkunden, Transportfirmen, Detailhändler und viele andere Akteure sind in der Supply Chain involviert. „There is always someone waiting for something.“[16] Je länger es dauert, bis Güter vom Produzenten bis zum Endkunden gelangen, umso mehr Ressourcen, Geld und bisweilen Reputation stehen auf dem Spiel, wenn Akteure zu langsam sind und andere warten müssen.

---

[14] Finanz & Wirtschaft, 15.12.2018, S. 8–9.

[15] Neue Zürcher Zeitung, 19.02.2016.

[16] I-Scoop, 2018.

Der Transport ist heute noch sehr traditionell organisiert. „Bürokratie ohne Ende. Da werden Unmengen von Papier herumgeschoben, vom Produzenten zur Logistik, zur Bank, zur Versicherung, zum Zoll, zum Abnehmer. Ein Zertifikat hier, ein Zollpapier dort – und ganz viele Stempel von Behörden. Das alles macht mindestens 20 % der Kosten eines Gütertransports aus."[17] Es kann durchaus sein, dass die Administrationskosten für die Transportleistungen höher sind als die Kosten für den eigentlichen Transport.

Die derzeitige Fragmentierung des End-to-End-Prozesses im Transport ist erheblich. Die Integration von digitalen Schnittstellen zwischen den Prozesspartnern ist nur teilweise oder gar nicht vorhanden. Heute beruhen die Angleichung und das Vertrauen zwischen den Partnern entlang der Wertschöpfungskette auf Beziehungen, Verträgen, aber nicht auf digitalen Beweisen. Die Situation großer Transportunternehmen zeigt, dass das Kostenmodul pro Transporteinheit im Transportmodus (See, Land, Luft) aufgrund höherer Komplexität, staatlicher Regulierung, Sicherheitsmaßnahmen, mehr beteiligten Parteien und Verspätung beim Wechsel von Transportmodus oder Transportunternehmen eher noch zunimmt.

Ziel der Supply Chain muss es sein, Effizienz und Sicherheit in der Logistikkette zu erhöhen, um Risiken und Störungen zu minimieren. Die Digitalisierung wird das Geschäftsmodell und das Verhalten der Transportbranche verändern. Viele Initiativen von Innovation Labs in Zusammenarbeit mit der Industrie dokumentieren den Innovationsbedarf.[18] Data Analytics, Kundeninteraktion, Cloud Logistics, Blockchain, Robotics und Automation, autonome Fahrzeuge, Drohnen, 3-D-Printing, IT-Standards sind nur eine Auswahl für disruptive Kräfte, die Lösungsansätze im Transportationssektor offerieren (siehe Abb. 2.5).[19]

Wie wird sich die Transportindustrie weiterentwickeln? Wachstum und Konsolidierung bestehender Player, Konkurrenz durch innovative Start-ups, digitale Plattformen wie auch Markteintritt neuer Wettbewerber wie Retail- und Technologiefirmen stellen vier mögliche Trends dar.

Verschiedene Start-ups drängen mit innovativen Modellen in den Logistiksektor. Sie zielen auf das Kerngeschäft der etablierten Anbieter, schaffen mehr Preistransparenz und differenzieren sich von den Großen mit neuen IT-Lösungen.[20]

Verschiedene Start-up-Firmen entwickeln Lösungen aufgrund der Blockchain-Technologie mit erheblichem Disruptionspotenzial. Standard-Softwarelösungen basierend auf der Blockchain-Technologie haben zum Ziel, die Prozesskette massiv zu verbessern und End-to-End-Einbezug aller involvierten Prozessbeteiligten zu schaffen. Dadurch wird ein wesentlicher Teil der heute manuellen Arbeitsschritte und des Papierkriegs vermieden und durch konsistente, maßgeschneiderte Echtzeitinformationen über den gesamten Prozess ersetzt.

---

[17] Hagemann Snabe: Handelszeitung, 2018, S. 3.
[18] Eisenring: Digitaler Hub für den Handel, Neue Zürcher Zeitung, 02.11.2019, S. 30.
[19] PwC Schweiz: Shifting Patterns, the Future of the Logistics Industry, 2017, S. 12.
[20] Finanz und Wirtschaft, 15.12.2018, S. 9.

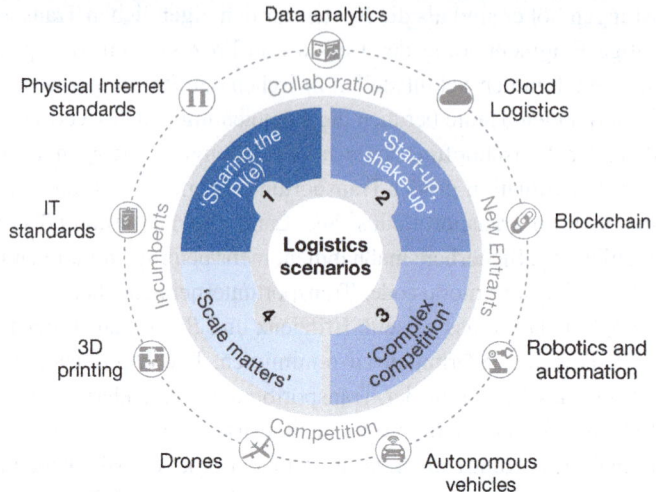

1. **Sharing the Physical Internet**
New Business Models like Sharing networks. Leads to shared standards, greater modal connectivity, IT requirements across carriers.

2. **Start up's, shake-up**
New Business Models based on data analytics, blockchain, other technologies.

4. **Scale matters**
Incumbents become more efficient by streamlining their operations and taking advantage of new technologies. Major players merger and extend their geographical scale.

3. **Complex competition**
Big retail players expand their logitistics offering and become competitors. Technology firms, which where originally suppliers, become competitors.

Quelle: PwC

Abb. 2.5 Logistic scenarios. (Adaptiert nach PwC Schweiz 2017; mit freundlicher Genehmigung von © PwC Schweiz. All Rights Reserved) (PwC Schweiz: Shifting Patterns, the Future of the Logistics Industry, 2017, S. 17)

Die Player in der Frachtschiffbranche haben erkannt, dass Blockchain-Plattformen die Prozesseffizienz signifikant erhöhen können. Moller-Maersk und IBM haben eine Kooperation im Bereich Blockchain angekündigt. Dies ist eine Partnerschaft zwischen einer Firma in der Transportindustrie und einer Firma mit digitaler Ausrichtung. 80 % der Produkte des täglichen Gebrauchs werden per Schiff transportiert; entsprechend sind die Auswirkungen groß, wenn der globale Handel digitalisiert wird.

Die Firma Smart Containers ist auf Container für pharmazeutische Produkte sowie Nahrungsmittel spezialisiert und bedient sich ebenfalls der Blockchain-Technologie. Smart Containers basiert auf einer starken technologischen Grundlage mit über 50 Mannjahren Forschung und fast 100 Patenten. Im Vergleich zu Marktführern können so anspruchsvolle Transporte dank Tracking- und Sensorikinstrumenten wesentlich zuverlässiger mit weniger als 0,1 % Temperaturabweichung durchgeführt werden. Die angewandte Technologie bedient sich integrierter IoT-Sensoren basierend auf Blockchain-Technologie. Smart Containers schafft es, die Effizienz im Transport zu erhöhen und gleichzeitig die Kosten zu senken.

Ein weiterer Trend mit Disruptionspotenzial in der Transport- und Logistikbranche sind bestehende Anbieter im Retail- (Online-Retailer) und Technologiebereich, welche den Logistikbereich in ihrer Wertschöpfungskette künftig für sich beanspruchen wollen.[21] Sie übernehmen die Logistikservices innerhalb der eigenen Wertschöpfungskette, treten aber auch als Logistikwettbewerber im Markt auf. Technologien wie Robotik, selbstfahrende Fahrzeuge und 3-D-Printing gelangen dabei zum Einsatz. Traditionelle Anbieter werden bezüglich erforderlichen Know-hows, Erfahrungen und Kultur herausgefordert. Bisherige Kunden und Lieferanten von Logistikfirmen werden somit zu Konkurrenten.

Incumbents wiederum gewinnen dank neuer Technologien Skaleneffekte und werden somit effizienter, oder sie nutzen Collaboration-Tools wie Sharing-Technologie als Weg zur Repositionierung.

Die großen globalen Logistiker mit Standort Schweiz wie Kühne & Nagel, Ceva Logistics und vormals Panalpina, wie auch die gesamte globale Schifffahrtsindustrie mit ihrem Schwerpunktdomizil in Genf, durchlaufen eine grundlegende Transformation. Nachfolgend werden die Treiber der Transformation untersucht und die strategischen Optionen erläutert.

Big Player im Bereich Spedition in fundamentalem Transformationsprozess
Die Logistikindustrie ist geprägt von traditionellen Old-Fashion-Strukturen. Sie ist stark fragmentiert. Landesspezifische Charakteristika spielen eine große Rolle. Seit der Finanzkrise 2008 befindet sich die Industrie in einer Konsolidierungsphase und steht unter starkem Wachstumszwang, um Economies of Scale zu erzielen. Dies kann anhand von Panalpina exemplarisch illustriert werden.

Die globalen Logistiker werden herausgefordert von Nightmare Competitors wie Flexport. Flexport ist in der See- und Luftfracht tätig und spezialisiert auf E-Forwarding. Flexport hat Erfolg mit Online-Shipments für spezifische Transportrouten und fokussiert sich auf kleinere Kunden, stößt aber an Grenzen, wenn es um komplexe Transportaufträge geht. Flexport schafft aber mehr Preistransparenz und hebt sich mit seinen IT-Lösungen von der Konkurrenz ab.[22]

Beim Logistikunternehmen Panalpina wurde 2016 SAP eingeführt und somit ein wichtiger Schritt in Richtung Digitalisierung getan. Im Vordergrund stand dabei das SAP Transportation Management (SAP TM) mit Gesamtinvestitionen von ungefähr 150 Millionen Schweizer Franken, die größte IT-Investition, die Panalpina je getätigt hat. Die Einführung ist erfolgreich abgeschlossen und hat dazu beigetragen, Prozesse zu vereinheitlichen und die Produktivität zu steigern.

---

[21] PwC Schweiz: Shifting Patterns, the Future of the Logistics Industry, S. 17.
[22] Finanz und Wirtschaft, 15.12.2018, S. 9.

Die SAP-Neueinführung war aber nur der Anfang. Als nächsten Schritt kreierte Panalpina für seine Kunden mithilfe eines neuen Portals eine enge Kundenerfahrung, bei der das Handling von globalen Sendungen schneller und einfacher wurde.[23] Als Pionier in diesem Sektor baute Panalpina ein neues Portal auf, das nicht nur viele der heute dringendsten Kundenbedürfnisse adressiert, sondern die künftigen Interaktionen und Schnittstellen zwischen Kunden und Logistikunternehmen bestimmt.

Panalpina stieß auch in neue Geschäftsfelder wie das additive Manufacturing vor. In Dubai wurde ein Logistics Manufacturing Center aufgebaut, welches die Panalpina enger mit den Lieferketten ihrer Kunden verbindet. So werden Vendor-Managed-Inventory-Dienste und Inbound-to-Manufacturing-Lösungen angeboten.[24]

Ebenfalls sind Panalpina und die US-amerikanische 3-D-Druckerei Shapeways eine strategische Partnerschaft eingegangen, die es beiden Unternehmen ermöglichen wird, ihre digitalen Fertigungskapazitäten weltweit zu erweitern. Damit wird dem Trend Rechnung getragen, dass kürzere Produktlebenszyklen, der zunehmende digitale Einkauf und die höhere Einführungsgeschwindigkeit für neue Produkte zwangsläufig dazu führen, dass sich die Produktion weg von der zentralisierten Fertigung hin zu einem dezentralen Modell bewegt. Andererseits verlangen Kunden mehr maßgeschneiderte und personalisierte Produkte. Der 3-D-Druck ermöglicht es, die Produktion näher an den Endverbraucher zu bringen und die Massenpersonalisierung zu unterstützen.[25] Shapeways, gegründet im Jahr 2007, ist die weltweit führende Herstellerplattform, die auf digitale Fertigung setzt. Shapeways Community-Mitglieder produzieren Produkte von Puzzles, Miniatureisenbahnen und Smartphonehüllen bis hin zu Drohnenzubehör und Schmuck. Shapeways ermöglicht seinen Mitgliedern, die von ihnen entworfenen Produkte herzustellen, anzupassen und sogar zu verkaufen. Die Produkte werden mit High-End-3-D-Druckern in 56 verschiedenen Materialien hergestellt. Mit der strategischen Partnerschaft wird Panalpina von den fortschrittlichen Softwarelösungen und dem umfassenden Know-how von Shapeways für 3-D-Druckmaterialien, -ausrüstung und -prozesse profitieren. Im Gegenzug kann Panalpina mit ihrer globalen Präsenz und ihren Einrichtungen in wichtigen Märkten Shapeways' geografische Expansionsmöglichkeiten und Unterstützung in den Bereichen Logistik, Fertigung, Vertrieb und andere Mehrwertdienste anbieten.

Eine starke IT-Infrastruktur ermöglichte Panalpina zu wachsen und damit die Profitabilität zu stärken. Mit der erfolgreichen SAP-Einführung war Panalpina in der Lage, auch M&A-Opportunitäten ins Auge zu fassen. Im Zuge der fortschreitenden Marktkonsolidierung wurde Panalpina jedoch vom dänischen Mitbewerber DSV im April 2019 übernommen.[26] Mit dem Zusammenschluss entstand der viertgrößte Konzern im weltweiten Frachtgeschäft mit einem ungefähren Marktanteil von 6,5 %. Dank der Größe erwartet DSV bei

---

[23] Panalpina, Internal Webpage, 20.02.2019.
[24] Panalpina, Internal Webpage, 20.03.2017.
[25] Panalpina, Internal Webpage, 26.07.2016.
[26] Enz: Der dänische Konzern DSV schnappt sich Panalpina, Neue Zürcher Zeitung, 01.04.2019.

Großkunden erfolgreicher zu sein. Die Verdoppelung der Kundenaufträge in der Seefracht ermöglicht einen günstigeren Einkauf von Transportkapazitäten. Das Ziel ist, in einem starken Verbund profitabel zu wachsen (Abb. 2.6).

Kapitalintensive Transporteure wie Reedereien auf dem Weg zur Globalisierung und Digitalisierung
Die Schifffahrtsindustrie befindet sich in einem tief greifenden Konsolidierungsprozess. Dieser Prozess wurde durch einen Ausbau der Transportkapazitäten ausgelöst, mit dem die Nachfrage, insbesondere aus Asien, nicht Schritt hielt. Folglich fanden sich viele Reedereien mit einer kostspieligen Infrastruktur und daraus resultierend hohen Kosten konfrontiert. Gleichzeitig aber fielen die Frachtpreise massiv unter die Preise der Boomjahre 2005–2008. Die Kosten- und Umsatzschere führte viele Anbieter in die Verlustzone.

Reedereien sahen sich gezwungen, ihre Kostenstruktur an die neuen Gegebenheiten anzupassen. Die erfolgreichen Player haben dies als Gelegenheit genutzt, sich mithilfe von

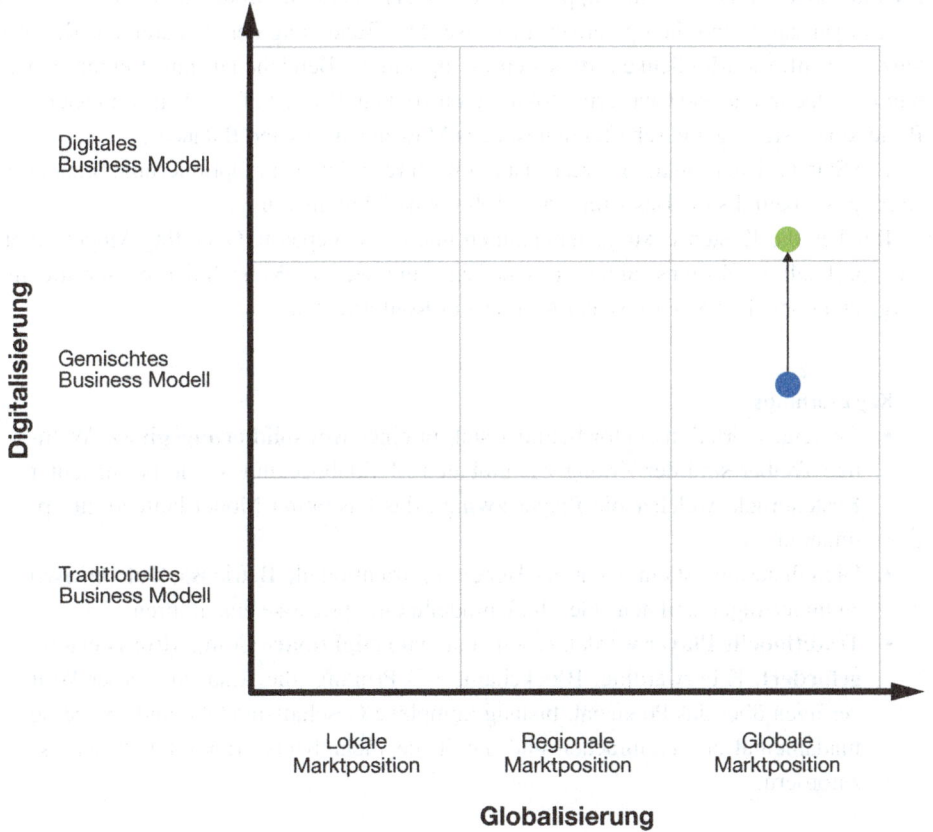

Abb. 2.6 Positionierung von Logistic Playern in der Digital-Business-Transformation-Matrix heute und in 10 Jahren. (Eigene Darstellung)

Changemanagement auf der Globalisierungsachse nach rechts zu bewegen.[27] Wie haben sie diesen strategischen Move umgesetzt? Während viele Player ums Überleben kämpften, nutzten es die Branchenbesten als Chance zur grundlegenden Anpassung des Geschäftsmodells. Sie haben aufgrund der hohen Dringlichkeit ihre Dienstleistungsangebote auf ihre Stärkebereiche fokussiert und das Operating Model entsprechend angepasst, woraus tiefere Kosten resultierten. Wichtige Kostenblöcke für Schifffahrtskonzerne stellen das Seefahrerpersonal, Treibstoff, der administrative Overhead und Finanzierungskosten für die Flotte dar. Viele Reedereien haben das europäische Seefahrerpersonal durch asiatische Crews ersetzt. Die Overheadkosten wurden mittels Verlagerung von Arbeitsschritten in Shared-Service-Center und Bündelung transaktionaler Prozesse verschiedener Supportfunktionen wie Buchhaltung, Kreditoren- und Debitorenmanagement, IT, Procurement gesenkt. Die Einführung von Global Procurement und Sourcing half, signifikante Kosteneinsparungen durchzusetzen. Wichtige Hebel zu Kostensenkungen waren dabei die Schaffung von Transparenz, Neuverhandlungen mit Schlüssellieferanten und die konsequente Umsetzung dieser Verhandlungsresultate. Global Procurement im weiteren Sinne tangiert nicht nur den Einkauf, sondern die gesamte Supply Chain und das Operating Model, d. h. die Unternehmensorganisation und die operativen Prozesse. Die Bündelung der Procurement-Kompetenzen schafft die Möglichkeit, dass sich die operativen Bereiche auf ihre Kernaufgaben, nämlich Operations und Chartering fokussieren können. Dies ist oft ein Schritt in Richtung Professionalisierung und schafft ein gesundes Maß an Checks and Balances.

Die Standardisierung der Prozesse ist ein wichtiger Hebel zur Optimierung. Standardisierung ist ebenfalls die Basis für eine erfolgreiche Digitalisierung.

Reichen die Kostensenkungsmaßnahmen und das angepasste Operating Model nicht, eine nachhaltige Kostenstruktur zu schaffen, sind weitere Konsolidierungsschritte ins Auge zu fassen, beispielsweise der Merger mit Konkurrenten.

Key Learnings
- Der Transportationssektor befindet sich in einer **Konsolidierungsphase**. Wichtige Treiber sind der Zwang zur globalen Marktabdeckung sowie permanenter Kostendruck, welcher die Player zwingt, das Operating Model laufend zu optimieren.
- Digitalisierung ist ein wichtiger Hebel, um traditionelle Betriebsabläufe kritisch zu hinterfragen und neue Geschäftsmodelle und -prozesse einzuführen.
- **Traditionelle Player** werden schon heute **von Nightmare Competitors herausgefordert**. E-Forwarding, Blockchain, 3-D-Printing, die Amazons dieser Welt verfügen über das Potenzial, bislang komplexe Geschäftsmodelle und -prozesse fundamental zu vereinfachen und damit die Incumbents grundsätzlich herauszufordern.

---

[27] Siehe dazu: Digital Business Transformation Matrix, Kap. 1, Abb. 1.7.

2.6   Die Schweizer Luxusuhrenindustrie – Der globale Footprint ist entscheidend – die Online-Offline-Präsenz wird dank digitaler Plattformen ausgebaut

Schweizer Luxusuhrenindustrie

Schweizer Uhren im gehobenen Segment und im Luxussegment genießen einen weltweit einzigartigen Ruf. Die Schweiz produziert stückzahlenmäßig 2,5 % des Weltmarktes, wertmäßig ist sie aber führend. Die Uhrenindustrie hat bereits in den 1970er-Jahren eine eindrückliche Transformation umgesetzt. Die Swatch Group nutzte die Rezession in den 1970er-Jahren und reagierte aufgrund des intensivierten Wettbewerbs mit einem neuen Marketingansatz. Die Uhren wurden zu einer Commodity: günstige Uhren, verlässlich, mit einem trendy Design. Solche Uhren konnten dank neuer Produktionsmethoden rund 80 % günstiger hergestellt werden, und der Patentschutz wurde konsequent umgesetzt. Von diesem Umschwung am Schweizer Produktionsstandort profitierten auch die Hersteller im obersten Preissegment. Heute sind Luxusuhrenhersteller wie zum Beispiel Rolex, Patek-Philippe, Audemars Piguet, IWC, die Swatch Group, die Richemont Group wie auch LVMH vom Design über die Produktion bis zum Verkauf stark vertikalisiert.

Welches sind die heutigen Herausforderungen der Luxusuhrenindustrie?

Die Corona-Krise fordert die Luxusuhrenindustrie bei den Themen Globalisierung und Digitalisierung besonders heraus. Die Reisebeschränkungen behindern die grenzüberschreitenden Kundenströme. Der virtuelle Kontakt zu den Kunden wird noch wichtiger.

Smartwatches gewinnen an Bedeutung vor allem im mittleren und unteren Preissegment. Die verkauften Stückzahlen der Schweizer Hersteller in diesen Segmenten sind rückläufig. Dagegen konnten die wertmäßigen Schweizer Exporte der Luxusuhrenindustrie zulegen.[28]

Die revidierte Definition für Swiss Made wird aus Sicht der Uhrenvertreter als positiv gewertet. Swiss Made verlangt, dass 60 % der Produktion in der Schweiz erfolgt. Dies wird als Stärkung der Position der Schweizer Anbieter für Luxusuhren gewertet.

Die Luxusuhreneinzelhandelsbranche befindet sich in einer Konsolidierungsphase.[29] Gründe dazu gibt es mehrere:

- die Komplexität in der Luxusuhreneinzelhandelsbranche mit konkurrenzierenden digitalen Herausforderern und traditionellen Einzelhändlern,[30]
- eine gewisse Übersättigung der verschiedenen Online- und Offline- Vertriebskanäle,
- ein fragmentierter Händlermarkt mit zahlreichen und vielfach kleinen Anbietern.

---

[28] Rütti: Die Swatch Group hat ein grösseres Problem, Neue Zürcher Zeitung, 30.01.2020.

[29] Graf: The Consolidation Trend in the Luxury Watch Retail Industry, 2018, S. 50 ff.

[30] Strategy Analytics: Apple Watch outsells entire Swiss Watch Industry, 2019.

Zunächst stehen Uhrenhersteller vor der Wahl, ob sie den Retail-Bereich selbst übernehmen oder diesen Dritten überlassen. Bei Mono-Brand-Stores haben die Uhrenhersteller die Kontrolle über ihre eigene Marke und können das Kundenerlebnis steuern. Zudem erhalten die Marken mit Mono-Brand-Stores Kundendaten. Es ist ein Abwägen zwischen dem direkt vermittelten Markenerlebnis und dem Direktkontakt mit den Kunden versus Überlassen der Komplexität im Zusammenhang mit dem Filialnetz an einen Spezialisten unter Inkaufnahme eines Teiles der Marge. An Prime Locations fallen zudem exorbitante Miet- und substanzielle Lagerhaltungskosten an, welche bei einem Mono-Brand-Store von einer einzigen Marke getragen werden müssen. Für die erste Gruppe der Hersteller, welche vermehrt versuchen Mono-Brand-Stores zu betreiben, stehen Marken wie Audemars Piguet, Rolex und Patek Philippe. Sie versuchen so vieles wie möglich unter Kontrolle zu halten, wie zum Beispiel das Markenerlebnis, die Kundendaten und die Preise, was insbesondere im Bereich der Luxusuhren wichtig ist. Sie beschränken die Produktion und möchten nur mit den besten und größten Einzelhändlern zusammenarbeiten. Diese werden vertraglich mit klaren Kriterien gebunden, deren Einhaltung genau geprüft wird. In einer zweiten Gruppe gibt es beispielsweise die Richemont Gruppe und die Swatch Gruppe, deren Maisons (Uhrenmarken) sowohl Mono-Brand-Stores betreiben als auch einen Großteil des Verkaufs mit Retail-Spezialisten umsetzen. Der Wunsch nach Kontrolle bezüglich Kundendaten und Markenerlebnis kann dazu führen, dass Uhrenhersteller ihre Uhren vermehrt in Mono-Brand-Stores (Markenboutiquen) anbieten. Dies erschwert das Geschäft für kleine Uhreneinzelhändler und führt zur Marktkonsolidierung.[31]

Die aufzubauenden digitalen Kompetenzen sind ein weiterer Treiber im Konsolidierungsprozess und für die jüngsten M&A Deals im Uhreneinzelhandel verantwortlich. Große Uhrenverkäufer kaufen digitale Uhrenunternehmen und auch digitale Plattformen, um ihre Angebotskanäle zu verbreitern. Uhreneinzelhändler wollen sich gezielt mit digitalen Angeboten hervorheben, wie E-Commerce und Handelsplattformen für gebrauchte Uhren.[32] Der Verkauf von Uhren durch physische Händler ist heute nicht mehr der einzige Weg, wie Kunden Luxusuhren kaufen. Auf einer E-Commerce-Plattform kann niederschwellig und anonym gestöbert werden. Die Transparenz der Informationen und die Vergleichbarkeit der Produkte motivieren besonders die Millennials, ihre Kaufentscheidungen auf digitale Plattformen zu stützen, anstatt von Geschäft zu Geschäft zu gehen. Im fortschreitenden Konsolidierungsprozess akquirieren so große Unternehmen vor allem Firmen, die über wertvolle digitale Fähigkeiten oder sogar spezifische digitale Plattformen verfügen.

Die geografische Abdeckung ist ein weiterer Treiber für die Konsolidierung im Einzelhandel für Luxusuhren. Damit eng verbunden ist auch die Frage der kritischen Größe. Große Einzelhändler von Luxusuhren haben dank ihrer Tradition und ihres Markenwerts einen Vorteil gegenüber kleinen. Ihre Verhandlungsmacht verleiht ihnen eine stärkere Position gegenüber den dominierenden Uhrenmarken. So erhalten große Einzelhändler zum Beispiel mehr limitierte und begehrte Uhren, welche sich selbstverständlich auch leichter verkaufen. Größere Einzelhändler verfügen über das notwendige Kapital, um in

---

[31] Graf: The Consolidation Trend in the Luxury Watch Retail Industry, 2018.

[32] Deloitte AG: The Deloitte Swiss Watch Industry Study 2017 – it is all about digital, 01.07.2017.

zukunftsorientierte digitale Lösungen zu investieren oder Akteure mit diesen Digitalkompetenzen zu akquirieren. Sie haben auch die Mittel, ausreichende Lager zu finanzieren, sofern dies von den Herstellern verlangt wird. Demgegenüber können sich sehr kleine Einzelhändler von Luxusuhren als agile Nischenanbieter positionieren und erarbeiten sich auf diese Weise gute Kundenbeziehungen auf lokaler Basis.[33]

Welche Strategie verfolgen Uhrenhersteller und Uhrenhändler im Retail-Bereich?
Die Richemont Gruppe und die Bucherer Gruppe haben mit interessanten strategischen Weichenstellungen in jüngster Zeit auf sich aufmerksam gemacht.

Richemont[34] ist ein global tätiger Luxusgüterhersteller. Zum Portfolio im Uhrenbereich gehörten renommierte Marken wie Cartier, Jaeger-LeCoultre, IWC und Piaget. Diese Brands, sogenannte Maisons, werden autonom mit eigener Strategie, Marke, Kultur und Auftritt geführt. Richemont betreibt mittlerweile mehrere hundert Single-Brand-Boutiquen diverser Marken. Dies ermöglicht den direkten Zugang zu Kunden und damit zu den kritischen Kundendaten. Mit den Single-Brand-Boutiquen kann das Markenerlebnis besser in Eigenregie gestaltet und kontrolliert werden. Die Verkaufsmargen für den Uhrenkonzern verbessern sich mit Single-Brand-Boutiquen, wenn der Kunde unter Auslassung des Einzelhandels direkt angesprochen wird. Im Rahmen der Digitalisierungsstrategie übernahm Richemont 2010 die Mehrheit der Yoox Net-a-Porter Group (Net-A-Porter.com), einem der wichtigsten Online-Anbietern von Luxusgütern. Richemont hat auch Watchfinder übernommen, ein Unternehmen, welches gebrauchte und markenzertifizierte Luxusuhren über das Internet weltweit vertreibt. Wichtige Gründe sprachen für diesen strategischen M&A-Schritt. Zum einen fasst Richemont im strategisch wichtigen Markt der zertifizierten Secondhanduhren Fuß. Mit dem Zusammenschluss eröffnen sich interessante Synergien zum Online-Vertrieb anderer Luxusgüter im Richemont-Konzern. Mit Watchfinder profiliert sich Richemont zudem als Händler von Drittmarken und verbreitert somit sein Sortiment für den Endkunden. Schließlich erhält Richemont mehr Kontrolle über den Graumarkt und versucht mit zertifizierten Secondhandplattformen (Certified Pre Owned), dem Graumarkt Wind aus den Segeln zu nehmen.[35] Im Oktober 2018 hat Richemont verkündet, eine Zusammenarbeit in China mit der führenden chinesischen Handelsplattform Alibaba einzugehen. Ziel ist es, die Net-a-Porter- und Mr-Porter-Online-Shops auf einer exklusiven Plattform für Luxusprodukte bei Alibaba zu lancieren. Die beiden Partner sind komplementär. Alibaba verzeichnet über 600 Millionen Nutzer. Richemont wiederum ist in China online noch wenig präsent und bringt eine starke Luxusgüterkompetenz ein, welche Alibaba noch fehlt. Mit dieser Partnerschaft will Richemont ein bedeutender Player im chinesischen Online-Markt werden.[36]

Im Gegensatz zu Richemont ist Bucherer primär Luxusuhreneinzelhändler, unterhält aber auch eine eigene Uhrenmanufaktur unter dem Label Karl F. Bucherer. Bucherer hat im

---

[33] Graf: The Consolidation Trend in the Luxury Watch Retail Industry, 2018.

[34] University of St. Gallen, Institut of Management: Synergies versus Autonomy – Management of Luxury Brands at Richemont, 2013.

[35] Speiser: Richemont kauft Watchfinder, Handelszeitung, 04.06.2018.

[36] Neue Züricher Zeitung, 27.10.2018, S. 33.

Jahr 2018 Tourneau akquiriert. Tourneau ist der größte Luxusuhrenverkäufer der USA. Interessant für Bucherer sind dabei nicht nur die Ladengeschäfte von Tourneau, sondern auch deren E-Commerce-Plattform, auf welcher neue Uhren wie auch gebrauchte Uhren, die mit einer Händlergarantie ausgestattet sind („certified pre-owned watches") erworben werden können. Damit verstärkt Bucherer die strategische Marktposition: ein digital und global agierender großer Anbieter im umkämpften Uhreneinzelhandel zu werden. Bucherer gewinnt an Gewicht gegenüber den Uhrenmarken, indem sie deren Monomarkenläden führen. Bucherer sorgt auch für Verlässlichkeit im Geschäft mit gebrauchten Uhren.[37]

Abb. 2.7 zeigt die Bewegungen entlang der strategischen Wege der Digitalisierung und Globalisierung vor und nach einer Akquisition auf.

Richemont und Bucherer haben mit diesen Übernahmen ihre digitale Präsenz und Kompetenz weiter ausgebaut. Die Beispiele zeigen, dass es im Grunde zwei vielversprechende strategische Optionen im Uhrenhandel gibt: entweder die Position mit einer breiten geografischen Präsenz oder die Position eines lokal ausgerichteten Nischenanbieters. Entscheidend ist, dass sich die Anbieter für eine dieser Varianten entscheiden und diese konsequent umsetzen.

Geändertes Kundenverhalten der Millenniumkunden

Junge Kundengruppen, die Millennials, bevorzugen oft andere Kommunikationskanäle, als es die älteren Generationen gewohnt sind. Die Millennials, die in einigen Jahren zur größten Konsumentengruppe heranwachsen werden, fühlen sich wohler, auf den neuen digitalen Kanälen angesprochen zu werden. Verschiedene Social-Media-Plattformen wie Instagram, Facebook, WeChat und LinkedIn sind nur einige Beispiele von Kommunikationskanälen, welche Millennials täglich mit hoher Frequenz nutzen, um sich zu informieren und mit Unternehmen in Kontakt zu bleiben. Kundenzentriertes Verhalten bedeutet demnach, dass Unternehmen zielgruppenorientierte Kommunikation wahrnehmen. In der heutigen Zeit ist es daher für Unternehmen relevant, differenzierte, dem Alter und Verhalten der jeweiligen Zielgruppe angepasste Kommunikationsmethoden anzubieten. Die Digitalisierung steht in jüngster Zeit für viele Unternehmen ganz oben auf der Prioritätenliste.

Käufer von Luxusuhren führen umfangreiche Online-Recherchen durch. Vor allem jüngere Generationen wollen sich über ihre Traumuhr transparent und benutzerfreundlich informieren, bevor die Uhr wenn möglich bequem online gekauft wird. Aus diesem Grund investieren große Unternehmen der Luxusuhrenindustrie immense Summen in die Entwicklung und den Betrieb von digitalen Plattformen, Websites, E-Commerce-Lösungen und Social Media.

Die sozialen Medien dürfen in dieser Hinsicht nicht vernachlässigt werden. Millenniumkonsumenten von Luxusuhren werden bei ihren Kaufentscheidungen stark durch ihr virtuelles Netzwerk in sozialen Medien wie Instagram beeinflusst. Social Media beinhalten auch einen gewissen Grad an Gemeinschaftsbildung in einem Ausmaß, den die älteren Generationen beispielsweise im engen Kreis von Familie und Freunden nicht erreichen. Potenzielle junge Konsumenten von Luxusuhren suchen online auf

---

[37] Martel: Bucherer kauft den grössten US-Luxusuhrenhändler, NZZ, 21.01.2018.

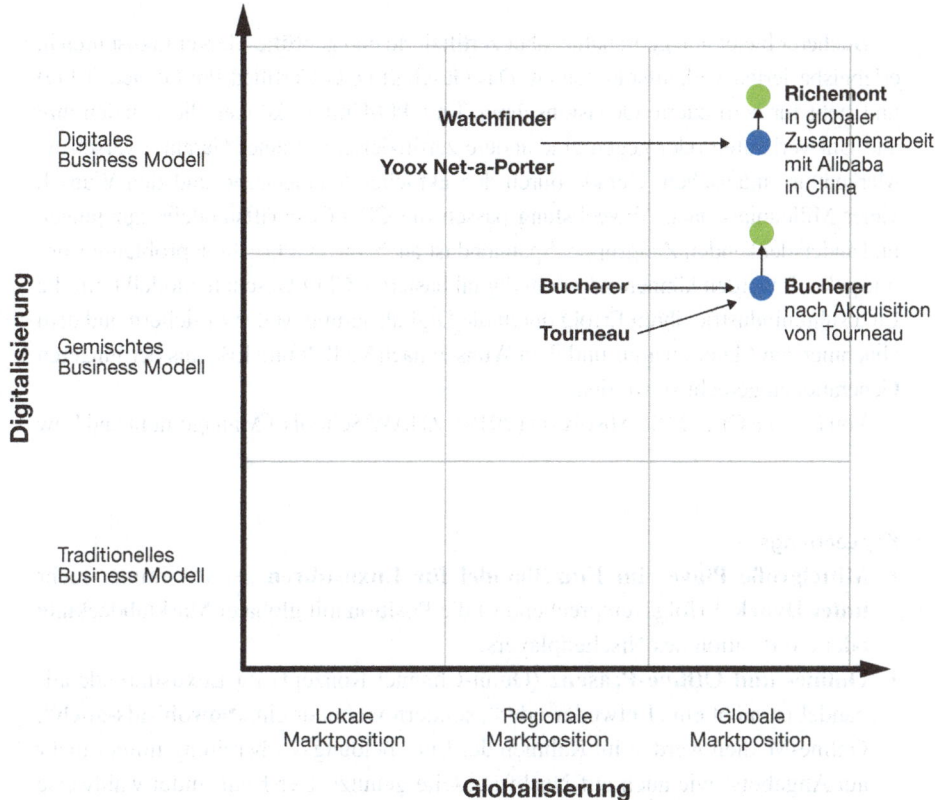

Abb. 2.7 Positionierung ausgewählter Wettbewerber der Luxusuhren- und Schmuckindustrie in der Digital-Business-Transformation-Matrix. (Eigene Darstellung, illustrativ)

digitalen Plattformen nach Akzeptanz und Bestätigung, wobei sich negative Kritik und mögliche Probleme mit einer Uhrenmarke auch viral schnell verbreiten können. Die globale Reichweite von Social Media hat in den letzten Jahren unter anderem auch zu einer verstärkten Verschmelzung von Interessen und Geschmäckern geführt.

Florian Grafs Masterarbeit (2018) zeigte auch, dass die Zahlungsbereitschaft für teure Luxusuhren bei Millennials gesunken ist. Wohlhabende, junge Leute legen zunehmend Wert auf einzigartige und schwer zu kaufende Erlebnisse, mit welchen Freunde und Follower in den sozialen Medien beeindruckt werden können. Der abnehmende Materialismus der jüngeren Generationen beeinflusst natürlich auch das Segment der Luxusuhren. Viele jüngere Menschen, die sich für Luxusuhren interessieren, neigen daher dazu, eine Einsteigeruhr zu einem niedrigeren Preis zu erwerben. Die extrem teuren Uhren sind bei wohlhabenden jungen Leuten selten zum Kauf in Mode. Stattdessen suchen die an Uhren interessierten Millennials zunehmend nach Abwechslung, anstatt einen großen Betrag in eine einzige Uhr zu investieren. Verschiedene Anbieter und Hersteller von Luxusuhren haben daher in letzter Zeit begonnen, auf dieses neue Bedürfnis junger Kundengruppen zu reagieren.

Bucherer bietet nun gebrauchte, aber zertifizierte und geprüfte Markenluxusuhren in erlebnisbasierten Verkaufsräumen an. Das Geschäft heißt Certified Pre Owned (CPO) und steht für zertifizierte Occasionsuhren. Im CPO-Umfeld können die Kunden ihre alte Uhr verkaufen oder gegen eine andere zertifizierte, mit einer Garantie versehene Markenuhr eintauschen. Gerade durch den aktuellen Vintagetrend und den Wunsch vieler Millennials nach Abwechslung passen die CPO-Geschäftsmodelle zur jungen und andersdenkenden Zielgruppe. Spannend ist auch, dass CPO-Uhren problemlos online gekauft werden können. Mit dem digital basierten CPO-Geschäftsmodell hofft die Luxusuhrenindustrie, ihren Erfolg durch die Digitalisierung weiter zu sichern und dem abnehmenden Materialismus und dem Wunsch nach Vielfalt und Erlebnis der jüngeren Generationen gerecht zu werden.

Von Florian Graf, MSc Absolvent (2018), ZHAW School of Management and Law

---

Key Learnings

- **Mittelgroße Player im Einzelhandel für Luxusuhren** geraten immer mehr **unter Druck**. Erfolgsversprechend ist die Position mit globaler Marktabdeckung oder die Position des Nischenplayers.
- **Online- und Offline-Präsenz** (Omni-Channel-Konzept) im Luxusuhrendetailhandel ist nicht ein „Entweder-oder", sondern vielmehr ein **„Sowohl-als-auch"**. Online-Medien werden im Rahmen der Entscheidungsvorbereitung immer mehr auf Angebots- wie auch auf Nachfrageseite genutzt. Der Kauf findet wahlweise online oder im Laden statt.
- **Plattformeffekte spielen eine immer wichtigere Rolle**. Social Media sind ein sehr wichtiger Informationskanal für Kunden im Luxussegment.

2.7   HotellerieSuisse – Wie die Schweizer Hotellerie auf die Chancen und Herausforderungen der Digitalisierung reagiert

HotellerieSuisse

Die Schweizer Hotellerie hat sich seit dem Wechselkursschock 2015 gefangen. Damals hob die Schweizerische Nationalbank den Euro-Mindestkurs auf. In der Schweiz gibt es insgesamt rund 5000 Hotelbetriebe. Davon sind 2000 oder 40 % Mitglied bei HotellerieSuisse. Diese 2000 generieren aber ungefähr 80 % der Übernachtungen in der Schweiz. Die Schweizer Hotelindustrie ist eine standortgebundene Exportindustrie: Ein Großteil der Kunden kommt aus dem Ausland. Hotels, welche überwiegend Schweizer Gäste beherbergen, sind eher die Ausnahme. Die zwei Hauptprobleme der

Schweizer Hotelindustrie sind die hohen Produktionskosten und der starke Schweizer Franken, welcher die Ferien für ausländische Gäste verteuert.

Die letzten 10 Jahre gingen die Übernachtungen in den Bergregionen von 18,3 Millionen auf rund 15 Millionen zurück. Dies ist ein Rückgang von rund 15 %, wobei zu erwähnen ist, dass 2008 ein absolutes Rekordjahr mit nie erreichten Zahlen war. Im Winter bucht heute ein Gast zum Beispiel nur noch zwei bis drei Hotelnächte bei schönem Wetter. Er macht keine ganze Woche Skiferien mehr.

Die Städte legten seit 2008 rund 2 Millionen Übernachtungen zu, was einem Wachstum von rund 22 % entspricht. Verglichen mit dem Jahr 2000 ist es in der Tat fast eine Verdoppelung der Übernachtungen. Hier muss aber berücksichtigt werden, dass die Kapazitäten enorm ausgebaut wurden. Entsprechend ist die Auslastung der einzelnen Betriebe nicht so stark gestiegen.

Die Hotelbranche wird durch die Digitalisierung stark herausgefordert. Andreas Züllig, Präsident des Schweizerischen Hotelierverbandes und Inhaber des Hotel Schweizerhofs auf der Lenzerheide, erklärt im Interview die Chancen und Herausforderungen der Branche im Bereich Digitalisierung.

Die digitale Transformation in der Hotellerie spiegelt sich vor allem im Informations- und Buchungsverhalten der Gäste wider (Abb. 2.8). Die Hotelgäste orientieren sich heute maßgeblich an Online-Buchungsplattformen. Reisebüros wurden zum großen Teil durch Online-Services ersetzt.

Auf der Kundenseite spielen Social Media eine große Rolle. Icon-Bilder und digitale Tipps verbreiten sich heute in den User-Gruppen in Windeseile. Der „digitale Pranger" für Tourismusanbieter steht heute überall; die Erfahrungen der Kunden werden sofort über die sozialen Netzwerke geteilt.

Die Parahotellerie wurde dank digitaler Buchungsplattformen wie Airbnb enorm populär. Diese macht heute der Hotellerie stark Konkurrenz.

**Digitale Kompetenz wird gezielt aufgebaut mittels Allianzen mit
Buchungsplattformen und Online Devices im Zimmer**
Die digitale Entwicklung sieht Herr Züllig in Richtung des „Total Customer Journey" oder „One Stop Shopping": Integral soll alles aus einer Hand angeboten werden. Der Kunde möchte sich über eine Reise informieren und dann umfassend betreut werden: Buchung, Reisebegleitung, Transport, Nachbereitung wie zum Beispiel das Hochladen von Fotos auf Facebook. Digitale Werbemaßnahmen machen 90 % aller Werbemaßnahmen heute aus; vor 5 Jahren lag dieser Anteil noch bei circa 10 %.

Hier stoßen Buchungsplattformen wie booking.com an ihre Grenzen. Diese Plattform kann nur Buchungen tätigen. Die Booking.com-Kommissionen von circa 15–20 % sind exorbitant. Booking.com bietet nichts dafür, außer den Buchungsservice. Züllig meint, dass der Hotelier den Gast wieder direkt ansprechen muss. Das erwartet auch der Gast. Der Gast will nicht mehr alle Daten anonymen Plattformen zur Verfügung stellen. Er will

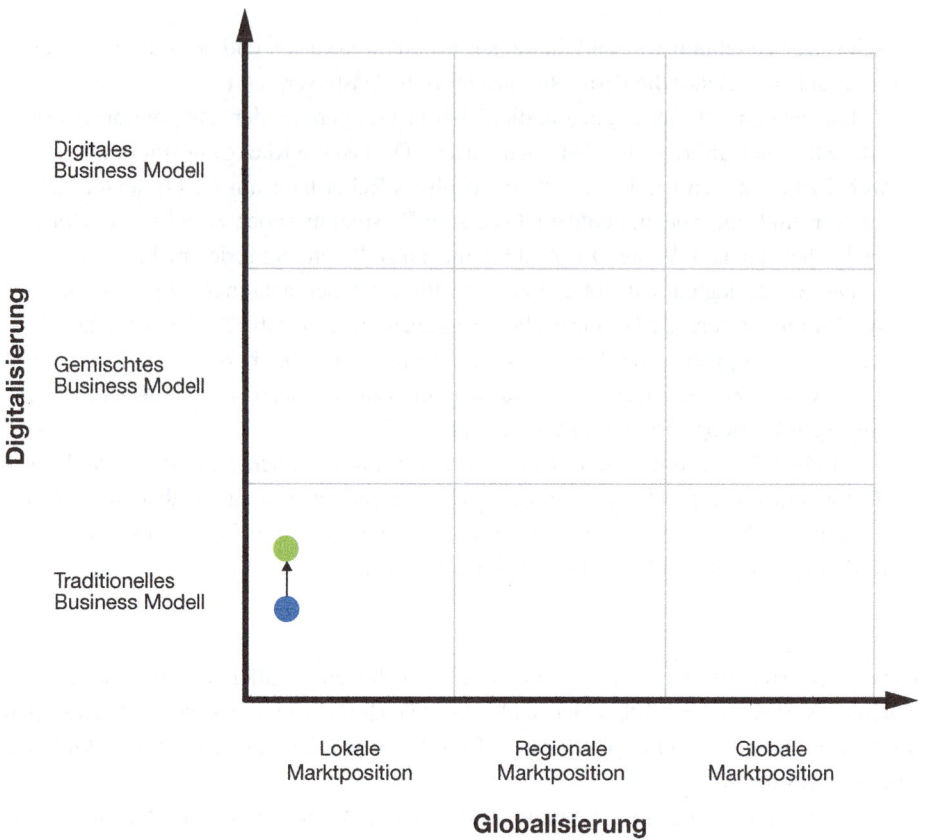

Abb. 2.8 Positionierung eines Schweizer Familien-Hotelbetriebs in der Digital-Business-Transformation-Matrix heute und in 10 Jahren. (Eigene Darstellung)

die Daten in sicheren Händen bei seinem Produkt- oder Servicelieferanten wissen. Herr Züllig ist der Meinung, dass Booking.com an Glaubwürdigkeit verloren hat, weil zu viele Datenlecks aufgetaucht sind.

Eine Antwort der Schweizer Hotellerie sind Digitalprojekte wie Discover.suisse. Es wird eine integrale Buchungs- und Reisebegleitungsplattform mit der Technologie von Microsoft Azure gebaut. Microsoft Azure ist eine Cloud-Computing-Plattform von Microsoft mit den Diensten wie SQL Azure oder AppFabric, die sich in erster Linie an Softwareentwickler richtet. Mit Artificial Intelligence können personalisierte Reisevorschläge an den Gast gerichtet werden, und Blockchain-Technologie ermöglicht den direkten Kontakt zum Kunden ohne Zwischenhändler. Partner in diesem Projekt sind: Luzern Tourismus, Zürich Tourismus, Zermatt, Inside Laax. Mit diesen Partnern werden Schnittstellen zu deren Angeboten aufgebaut. Die Plattform wird auch anderen Anbietern offenstehen. Mit dieser Initiative wird die Marktmacht von booking.com herausgefordert werden.

Herr Züllig betont, dass der persönliche Service wichtig bleibt. Die digitale Service-unterstützung wird aber an Bedeutung zunehmen. Beispiele dafür sind Amazon-Alexia/digitale Services.

Kapitalintensität von Hotelinvestitionen als große Hürde
Die Hotelleriebranche in der Schweiz ist eine fragmentierte Branche: 70 % der Betriebe bieten weniger als 50 Betten an, so Herr Züllig. Diese Betriebe sind stark gefordert. Das lokale touristische Angebot ist zunächst entscheidend für eine prosperierende Nach-frage. Die Zusammenarbeit der Hotels mit den Bergbahnen im Alpengebiet ist immer wichtiger. Die Vergrößerung des Skigebiets Lenzerheide-Arosa mit der neuen Bahn auf neu 220 Pistenkilometer hat dabei geholfen. Der Hotellerieverband kann die kleinen Anbieter unterstützen und Werkzeuge anbieten. Einkaufsgenossenschaften unter den kleinen Anbietern gibt es schon viele. Schwierig ist die Kapitalbeschaffung für Hotel-projekte in der Alpenregion. Die Zweitwohnungsinitiative verhindert die Umnutzung von Liegenschaften in der Alpenregion. Hotels können wegen der Gesetzgebung nicht mehr umgenutzt werden. Die Banken geben nur noch auf dem Ertragswert der Hotel-liegenschaft Kredite.

Hohe Kapitalintensität und das hohe Preisniveau in der Schweiz stellen große Heraus-forderungen dar. Das Mittelsegment bei Preis und Service verschwindet im Hotelmarkt, da der moderne Kunde sich für „top/individuell" oder „preiswert/standardisiert" entschei-det. Der eher hochpreisige Nischenanbieter muss mit einem sehr klaren Profil auftreten. Ein Beispiel dafür ist die Hotelgruppe The Living Circle Hotels, welche sich auf die The-men Luxus und Natur konzentriert. Demgegenüber werden im Tiefpreissegment die Leis-tungen standardisiert und optimiert. Der Gast erledigt digitale Serviceleistungen wie Ein-checken, Abendessen organisieren und Bezahlung selbst.

Herr Züllig sieht Möglichkeiten für Hotel-Nischenanbieter. Aber es sei richtig, dass große, internationale Hotelketten ins mittlere Preissegment der 3-Sterne- und 4-Sterne-Häuser expandieren. Dort können die großen Häuser optimale und preiswerte Leistungen anbieten, manchmal auch ohne Restaurants und Essen.

Beim Aufbau von digitaler Kompetenz stoßen Nischenanbieter schneller an finanzielle Grenzen als die großen Massenanbieter.

Wie sich die Luxushotelgruppe „The Living Circle" im Städtehotelmarkt Zürich positioniert
Das Credo der Hotelgruppe „The Living Circle" ist „Our Farm to Table". Hausgemachte Produkte vom Bauernhof Schlattgut in Herrliberg werden im 5-Sterne-Hotel Storchen Zürich angeboten. Trauben frisch und gekeltert aus dem Maggiatal werden im 5-Sterne-Hotel Castello del Sole in As-cona serviert. Ein Gast kann sich mit dem Helikopter auf eine nahe Alp oberhalb von Ascona fliegen lassen, um dort die Natur zu genießen. Oder in Zürich kann der Gast auf dem Bauernhof Schlattgut die Hühner besuchen, deren Eier er am nächsten Morgen zum Frühstück im Hotel Storchen serviert bekommt. Das wertige Ambiente der beiden 5-Sterne-Hotels wird mit dem Erlebnis in einmaliger Umgebung und Natur verbunden.

Die Hotelgruppe „The Living Circle" übernahm 2018 die Managementrechte des Hotels Wid-der von der UBS. Die Widder-Liegenschaft erwarb in dieser Transaktion der Lebensversicherungskonzern Swiss Life. Synergien mit dem Hotel Storchen erwartet Herr Jörg Arnold, General-manager Hotel Storchen und Widder Hotel, in den Bereichen Reservationen, Sales und Marketing, Finanzen und HR. Die beiden Zürcher Hotels werden aber weiterhin je als selbstständiger Brand auftreten.

Herr Arnold erklärt, dass die beiden Zürcher Hotels über 115 Zimmer verfügen: 66 Zimmer im zum 5-Sterne-Hotel umgebauten Storchen und 49 im 5-Sterne-Haus Widder. Die Zimmerpreise be-wegen sich in den 5-Sterne-Häusern in der Bandbreite um 480–800 Schweizer Franken. Die Hotel-gruppe „The Living Circle" ist ein Nischenanbieter im Luxussegment.

In der Stadt Zürich werden derzeit etwa 6500 Zimmer angeboten. Der Tourismusmarkt und die Nachfrage nach Hotelbetten entwickeln sich derzeit sehr gut. Zürich hat an touristischer Attraktivität gewonnen. Die „Storchen"-Hotelkunden kommen vor allem aus dem Mittleren Osten, USA, Asien, China, eine kleinere Anzahl aus Russland. Deutsche Kunden kommen wieder vermehrt, und Schwei-zer Kunden machen circa 10 % der Gesamtkundschaft aus.

In Zürich treten neue internationale Anbieter im Hotelmarkt auf. Diese positionieren sich vor-nehmlich im modernen Niedrigpreissegment mit einem Zimmerpreis von etwa 160–200 Schweizer Franken. Der personalintensive Service wird von diesen Anbietern tendenziell minimiert. Exzellente Lage, Online-Services, WLAN sind wichtig. Das Hotelrestaurant serviert zum Teil nur das Früh-stück. Die modernen online informierten Hotelgäste verpflegen sich am Abend in den nahen Stadt-restaurants. Diese Anbieter sind zum Beispiel Motel One, Moxy Hotel und 25hours Hotel.

Über Airbnb werden in Zürich circa 5600 Zimmer angeboten, von einfach bis luxuriös. Das Wachstum schwächte sich in jüngster Zeit eher ab. Aber die Airbnb-Zimmer sind eine wichtige Konkurrenz. Diese Zimmer der Parahotellerie haben sich im Markt etabliert. Einige Hotels sind dazu übergegangen, auch Airbnb-Zimmer anzubieten und zu managen.

Online-Storytelling ist für das Hotelmarketing sehr wichtig. Der Umbau des Hotel Storchen wurde zum Beispiel digital begleitet. Mit Youtube-Filmen wurde der Umbau durch Gerry Hofstetter sechseinhalb Wochen dokumentiert. Die von Gerry Hofstetter professionell produzierten Filmstorys wurden geteilt und weitergeleitet. Begleitet wurde der Umbau via Blog, auf Facebook und Insta-gram. Unter anderem war die Online-Verkaufsaktion der alten Hotelmbel vor dem Umbau ein Rie-senerfolg. Die Online-Präsenz ist sehr wichtig.

Die digitale Online-Offline-Werbeintensität entwickelte sich heute dramatisch im Vergleich zu vor 5 Jahren:

	2018	2013
Digitale Werbemaßnahmen	90 %	10 %
Konventionelle, papiergebundene Werbemaßnahmen	10 %	90 %

45 % aller Buchungen im Hotel Storchen finden über Buchungsplattformen statt. 55 % der Bu-chungen erfolgen direkt beim Hotel. Booking.com ist mit Abstand die wichtigste Plattform. Die Schweizer Entwicklung „STC – Switzerland Travel Center" bringt zu wenig Traffic und ist im Markt zu wenig relevant. Auch der Bund bucht nicht über diese Plattform, sondern über die deutsche Platt-form hotel.de.

Grundsätzlich sieht Herr Arnold keine Gefahr, dass die großen Buchungsplattformen wie boo-king.com selbst in das Hotelgeschäft einsteigen. Aber sie werden immer mächtiger. Wichtig ist, dass die Schweizer und europäischen Wettbewerbsbehörden eine Konkurrenzsituation gewährleisten. In einer Monopolsituation einer Buchungsplattform könnten sonst die Buchungskommissionen schnell ins Unermessliche steigen.

Das Konsum- und Freizeitverhalten sowie das Arbeitsverhalten der jungen Millenniumgene-ration ändern sich. Die Befehlsstrukturen im Hotelbetrieb haben weitgehend ausgedient. Die jungen Mitarbeitenden müssen in die Entscheidungen und in die Verantwortung mit einbezogen werden.

Herr Arnold ist überzeugt, dass der persönliche Service in einem Haus wie dem „Storchen" wichtig bleibt. Die digitale Serviceunterstützung wird dabei weiter zunehmen: Alexa/Amazon könnte auch im Hotelzimmer Einzug halten. Zudem könnten Daten in der Cloud in der Art gespeichert werden, dass der Gast in Zukunft entscheidet, welche Daten er welchem Anbieter freischaltet. Solche Systeme werden in Skandinavien getestet.

Key Learnings

- Ein **Hotel-Nischenanbieter** muss mit einem **sehr klaren Profil** auftreten, wie die Beispiele „Schweizer Familienhotel Schweizerhof, Lenzerheide" und „Hotel Storchen, Zürich" zeigen.
- Die Hotels bauen gezielt die digitale Kompetenz auf. Das Kundenverhalten vor und bei der Buchung und das Kundenerhalten beim und nach dem Besuch auf Social Media erfordert dies. Entsprechend werden **digitale Allianzen** bei Buchungsplattformen und bei Online Devices in den Zimmern von den Hotels begrüßt.
- Beim Aufbau von digitaler Kompetenz stoßen Nischenanbieter schneller an finanzielle Grenzen als die großen Massenanbieter.
- Für Mittelsegmenthäuser wird es eng im Schweizer Hotelmarkt: Die Konkurrenz fordert sie von oben mit der Qualität und von unten mit dem Preis und verdrängt sie so aus dem Markt. Der moderne Kunde entscheidet sich für „top und individuell" oder „preiswert und standardisiert".
- Die **digitale Transformation** ist ein Hauptreiber für **verstärkte Segmentierung in der Hotellerie**: kostengünstige, effiziente Unterkunftsmöglichkeiten einerseits, andererseits spezialisierte, individuell zugeschnittene Angebote.
- Im Tiefpreissegment werden Leistungen standardisiert und optimiert. Der Gast erledigt digital Serviceleistungen selbst: z. B. Einchecken, Abendessen organisieren, Bezahlung.
- Im Hochpreissegment kommt der individuellen Betreuung ein hoher Stellenwert zu.
- Die **Plattformvermittler liefern sich ein Ausscheidungsrennen**: Es überleben nur die größten mit dem entsprechenden Traffic (The winner takes it all). Der Marktführer booking.com beherrscht 65 % des Schweizer Marktes, die Nummer 2 expedia.com 15 %. Der Schweizer Anbieter STC hat kaum eine Chance, nicht einmal im Heimmarkt. Die Skalierungseffekte sind zu begrenzt. Der Konkurrent aus Deutschland (hotel.de) kann sich mit einigem Erfolg in der Schweiz behaupten.
- Neue, **online buchbare Unterkunftsformen wie Airbnb sind eine ernst zu nehmende Konkurrenz**.

2.8   SIX – Banking Services – Wie ein Schweizer Infrastrukturbetreiber die digitale Transformation im Zahlungsverkehr vorantreibt

SIX

SIX Group betreibt die Infrastruktur für den Finanzplatz Schweiz. Das Unternehmen erbringt Dienstleistungen rund um Wertpapiergeschäfte, die Aufbereitung von Finanzinformationen und den Zahlungsverkehr. Die SIX Group sichert in der Schweiz und aus der Schweiz weltweit den Informations- und Geldfluss zwischen Banken, Händlern, Investoren und Dienstleistern. Die SIX Group ist in vier Bereiche organisiert:

- Exchange Services,
- Banking Services,
- Financial Information,
- Cyber Security.

Globalisierung und Digitalisierung sind zentrale Themen für die SIX Group. Die SIX Group hat im Juni 2020 eine Mehrheitsbeteiligung an der spanischen Börse BME übernommen. Damit entsteht der drittgrösste Anbieter von Finanzmarktinfrastruktur in Europa. Zudem hat die Corona-Krise digitale Zahlungs- und Bankdienstleistungen stark gefördert.

Wir sprachen mit Boris Brunner und Andreas Schöni vom Bereich Banking Services. In ihrem Bereich Banking Services werden Geldautomaten betrieben, Lastschriftverfahren abgewickelt, Rechnungen digital erstellt und via E-Banking bezahlt, Dienstleistungen für die Abwicklung des Interbanken-Zahlungsverkehrs und Lösungen für Debitkarten erbracht. Insbesondere legt der Bereich einen Fokus auf die maximale Digitalisierung der Rechnungsprozesse und harmonisiert dafür die Standards im Zahlungsverkehr. Der Bereich Banking Services unterstützt die Infrastruktur für Twint, die mobile App für bargeldloses Bezahlen.

Der Zahlungsverkehr wird im besonderen Maße von der Digitalisierung erfasst. Ein klarer Trend hin zum elektronischen Bezahlen von Rechnungen und am Point of Sale manifestiert sich. Papier und Bargeld werden immer weniger im Zahlungsverkehr verwendet.

Die SIX digitalisiert derzeit den traditionellen Einzahlungsschein. Die digitale Transformation in Richtung von QR-Codes und E-Bills wird von den Endkunden gefordert. Nichtsdestotrotz ist die SIX verpflichtet, die Legacy-Systeme im traditionellen Offline-Zahlungsverkehr vorläufig weiter zu pflegen. Für die SIX ist es sehr aufwendig, parallel analoge und digitale Systemwelten zu warten. Die Transformation ist anspruchsvoll.

Die SIX-Kunden im Zahlungsverkehr sind 340 Geschäftsbanken. Die ursächlichen Rechnungssteller und die Zahlmeister sind indirekte Kunden der SIX. Die SIX will die ganze Wertschöpfungskette „End-to-End" im Zahlungsverkehr in der Schweiz verstehen. Es werden jährlich 800 Millionen Rechnungen ausgestellt und bezahlt. Dabei werden bereits 75 % der Rechnungen elektronisch bezahlt. 25 % der Rechnungen werden nach wie vor in Papierform und am Schalter bezahlt. Eine digitale Priorität für die SIX ist es, die E-Rechnung zu fördern. Wenn die Rechnungsstellung in Papierform erfolgt, kommt es zu Medienbrüchen und zu im Betrieb aufwendigen Schnittstellen.

Den 120 Millionen Bartransaktionen stehen in der Schweiz 3,5–4 Milliarden Online-Transaktionen via Kreditkarten, Debitkarten und Twint gegenüber. Twint macht dabei gegenwärtig noch weniger als 1 % dieser Online-Transaktionen aus.

Die jährlich 200 Millionen Bezüge an Bankautomaten sind leicht rückläufig. Es werden eher kleinere Beträge abgehoben. Dies unterstreicht den Trend weg vom Bargeld und hin zur Online-Transaktion. Die Bankautomaten werden derzeit von den Banken selbst betrieben. Für den Endkunden ist nur der Bezug von Bargeld am Bankautomaten seiner Hausbank spesenfrei. Durch einen zentralen Betrieb aller Automaten könnten erhebliche Synergien genutzt werden.

Die Positionierung der SIX Banking Services in der Digitalisierungs- und Globalisierungsmatrix lässt sich wie folgt aufschlüsseln (Abb. 2.9).

Abb. 2.9 Positionierung der SIX Banking Services in der Digital-Business-Transformation-Matrix. (Eigene Darstellung)

Im Schweizer Zahlungsverkehr ist die SIX lokal tätig. Der analoge Transaktionsanteil im Zahlungsverkehr beträgt 25 % und der digitale 75 %. Die resultierende SIX-Leistung ist digital.

Bei Twint ist SIX Anteilseigner und bietet eine eigene TWINT-App an. Die SIX hat wichtige Lehren, u. a. bei der Einführung von TWINT gezogen: Es braucht eine technische und prozessuale Standardisierung bei allen Playern, um effiziente digitale Lösungen schnell einzuführen. Softwarepartner müssen bei der Standardisierung dabei sein. Die SIX ist die Koordinationsstelle im Dreieck der Endkunden, Geschäftsbanken und Softwarepartner. Es funktioniert nicht, analoge Standards bei neuen digitalen Lösungen einfach zu ignorieren. Die Standards im digitalen partnerübergreifenden Informationsprozess müssen neu definiert werden.

Die SIX verfolgt bei der Digitalisierung im Zahlungsverkehr die folgenden drei Stoßrichtungen:

• durchgängiger, ohne Medienbrüche zu vollziehender Zahlungsverkehr, welcher sicher und mit möglichst tiefen Kosten abgewickelt werden kann,
• digitale Rechnung mit QR-Code,
• E-Bill.

Hinsichtlich der internationalen Achse will die SIX ihre Erfahrung bei ausgewählten internationalen Partnern wie z. B. Singapur oder UK einbringen. Die SIX verfügt über Ersteinführer-Know-how.

Das SIX-Management im Bereich Banking Services geht proaktiv die folgenden zehn Herausforderungen im Bereich der Digitalisierung und Globalisierung an:

1. **Effizienzsteigerung in der Massenverarbeitung des Zahlungsverkehrs**
   E-Bill, QR-Code und durchlässige Informationsvermittlung sind die Stichworte.
2. **Echte durchgehende und ausnahmslose Standardisierung**
   Alle Partner müssen eingebunden werden. Die Standardisierung muss alle Prozessschritte im End-to-End-Informationsaustausch beinhalten.
3. **Betrugsbekämpfung**
   Mit Digitalisierung nehmen die Fraud-Risiken zu. Cyber Security wird in der Zukunft ein größeres Gewicht erhalten.
4. **Compliance Screening in Fällen von Geldwäscherei und von Kunden- respektive Länder-Embargos**
   Dieser Service soll zentral für Banken angeboten werden. Für die Banken sind Schnittstellen (Interfaces) ins Ausland anzubieten.
5. **Instant-Payment-Möglichkeiten für die Endkunden**
   Dieses Kundenerlebnis End-to-End ist heute nur bei TWINT möglich. Der Kunde kann sofort die Überweisung und seinen neuen Kontostand überprüfen. Es gilt, diese Möglichkeit auch internationalen Kunden in der Schweiz anzubieten.

6. **Eigene Lösungen versus fremde Lösungen**

   Big-Tech-Firmen mit ihren Standards und proprietären Schnittstellen wie Apple sind eine Bedrohung. Kostengünstige Kreditkarten wie Revolut können den Zahlungsmarkt von außerhalb der Schweiz aufmischen.

7. **Konvergenz von Kartenlösungen**

   Instant-Payment-Lösungen müssen nachfragegerecht angeboten werden. Die Kannibalisierung des Bargeldverkehrs findet durch Online-Zahlungslösungen statt. Die Devise der SIX lautet, dass lieber selbst auslaufende Produkte und Dienstleistungen kannibalisiert werden, um die zukunftsträchtigen digitalen Lösungen schnell an den Markt zu bringen. Dazu betreibt die SIX mit F10 ein eigenes Innovation Lab. F10 ist eine Tochtergesellschaft der SIX Group.

8. **Blockchain als interessante Technologie im Zahlungsverkehr**

   Bei Bitcoin gibt es noch kein Vertrauen in dieses Zahlungsmittel. Die Anwendung steht noch nicht unmittelbar bevor. Dieses Geld ist im Zahlungsverkehr noch kein Thema, da es auch zu langsam in der Übermittlung ist.

9. **Legacy-Systeme versus innovative Lösungen**

   Die Kernfrage ist: Wie kann SIX den Markt als Ganzes in Richtung Digitalisierung treiben? Hier will die SIX eine zentrale Orchestrierungsrolle bei allen Partnern inklusive der Verbände übernehmen. Die Diskussion muss gefördert werden, um rasch gemeinsame Lösungen auf dem Schweizer Markt anzubieten.

10. **Neue Lösungen müssen entwickelt werden, aber zuweilen fehlt die eigene Kompetenz.**

    Die digitale Kompetenz muss zuerst aufgebaut werden. Zum Beispiel wäre es möglich, die Vergabe von KMU-Krediten unter 250.000 Schweizer Franken zu standardisieren. Dies sind die bevorzugten Kredittranchen, welche über Online-Vermittlungsplattformen im Peer-to-Peer-Lending-Bereich interessant sind.

Key Learnings
- **SIX als Infrastruktur-Provider für Banking Services** treibt die digitale Transformation in einer **Vermittlungsrolle zwischen den verschiedenen Akteuren** wie Endkunden, Geschäftsbanken und Softwarepartner voran.
- Es braucht eine **technische und prozessuale Standardisierung bei allen Playern**, um effiziente digitale Lösungen schnell einzuführen.
- SIX Banking Services setzt auf **nationale digitale Standards**, die nach Möglichkeit international ausgerollt werden können. Der Schweizer Markt ist relativ klein, um für digitale Investitionen den Pay-back zu erzielen.
- Die Gefahr ist, dass **Endkundenpräferenzen für internationale Systemlösungen** wie Apple Pay nationalen Lösungen wie Twint den Rang ablaufen.

2.9   Schweizerische Post – Wie die Schweizerische Post die Transformation vom traditionellen Postunternehmen zum Dienstleister zwischen physischer und digitaler Welt schafft

Die Post

Die Schweizerische Post ist das staatliche Postunternehmen der Schweiz. Sie beförderte im Jahr 2019 gut 1,8 Milliarden adressierte Briefe (Divison PostMail), über 148 Millionen Pakete (Division PostLogistics) und 156 Millionen Reisende (Tochtergesellschaft PostAuto AG). Die Tochtergesellschaft PostFinance AG verwaltete 2018 über 119 Milliarden Schweizer Franken Kundenvermögen. Diese Aufgaben werden mit einem Personalbestand von fast 56.000 Personen, davon über 50.000 in der Schweiz, bewältigt. Damit gehört die Post zu den größten Arbeitgebern in der Schweiz.

Die Schweizerische Post orientiert sich an ihrer Vision:

„Einfach mit System – Die Post.

Wir verbinden die physische und die digitale Welt und setzen mit unseren Produkten und Systemlösungen neue Massstäbe. Damit vereinfachen wir unseren Kunden das Handeln in einem komplexen Umfeld und verhelfen ihnen zu mehr Freiräumen."

Die Post nutzt digitale Technologien und geht Partnerschaften ein, um für ihre Kunden in der digitalen Transformation relevant zu bleiben. Wir trafen Claudia Pletscher, Leiterin Entwicklung und Innovation der Schweizerischen Post, in Bern und sprachen über die Positionierung der Post in der Transformationsmatrix, über die digitalen Trends in der Logistik und über die Herausforderungen im Transformationsmanagement.

Die Schweizerische Post als „Traditional Enterprise in Convergence"

Claudia Pletscher bezeichnet die Post als typische „Traditional Entreprise in Convergence".

Im digitalen Wandel positioniert sich die Post als Dienstleisterin, die für ihre Kunden die physische und die digitale Welt verbindet. Dies bedingt einen tief greifenden Wandel des gesamten Unternehmens. Angetrieben wird dieser Wandel vom rasant wachsenden Anteil von E-Commerce im Schweizer Detailhandel. Der Online-Handel weckt bei den Kunden neue Bedürfnisse – sie werden mobiler und flexibler und möchten online gekaufte Waren immer schneller und personalisiert genau dann und dort erhalten, wo sie dies wünschen („on demand"). Eine weitere einschneidende Veränderung, angetrieben vom E-Commerce, betrifft die Paketmenge. In den letzten 5 Jahren ist diese um über 25 % gewachsen. Um die steigende Paketmenge weiterhin effizient verarbeiten zu können, richtet die zuständige Division PostLogistics die Sortierung und Zustellung neu aus. Bis 2020 investiert sie über 190 Millionen Franken in den Bau von drei zusätzlichen, regionalen Paketzentren im Tessin, in Graubünden und im Wallis. Beim Briefversand resultierte im letzten Jahr hingegen ein Rückgang von −4,8 %. Dies ist signifikant, da 1 % Volumenveränderung einem Profit von etwa 10 Millionen Schweizer Franken entspricht. Die Schweiz steht mit diesem Rückgang beim Briefversand vergleichsweise aber gut da: In den skandinavischen Ländern sank das Briefvolumen um 10–11 %. Der Treiber für diesen hohen Rückgang ist vor allem der Regulator im Norden Europas: Die Behörden in den skandinavischen Ländern drängen radikal auf digitale Kommunikation.

Auf die neuen Kundenbedürfnisse reagiert auch die Division PostNetz. 2018 betrieb die Post in der Schweiz 2139 Filialen, davon 1078 eigenbetrieben und 1061 mit Partnern. Hinzu kommen 423 Servicepunkte wie beispielsweise Abholstellen an Bahnhöfen sowie Hausservicelösungen in 1341 Ortschaften der Schweiz. Abb. 2.10 zeigt die Entwicklung bei diesem Service Public hin zu mehr flexiblen Zugangspunkten.

Die Ausrichtung der Post auf die digitale Transformation der Wirtschaft und Gesellschaft unterstützt auch die Division Swiss Post Solutions. Sie bietet Unternehmen Lösungen für das Outsourcing kompletter Geschäftsprozesse, innovative Dienstleistungen im Dokumentenmanagement sowie neueste Technologien für eine sichere elektronische Kommunikation. Swiss Post Solutions hat 2017 rund 70 % ihres Betriebsertrags im Ausland oder grenzüberschreitend erwirtschaftet.

Das digitale Datamanagement ist sowohl Chance als auch Herausforderung für die Post, denn einerseits bietet es Geschäftsmöglichkeiten, andererseits ist das Vertrauen der Kunden eine der wichtigsten Alleinstellungsmerkmale der Post und darf nicht beschä-

Zugangspunkte
Anzahl per 31.12.2018 und Zielsetzung per Ende 2020

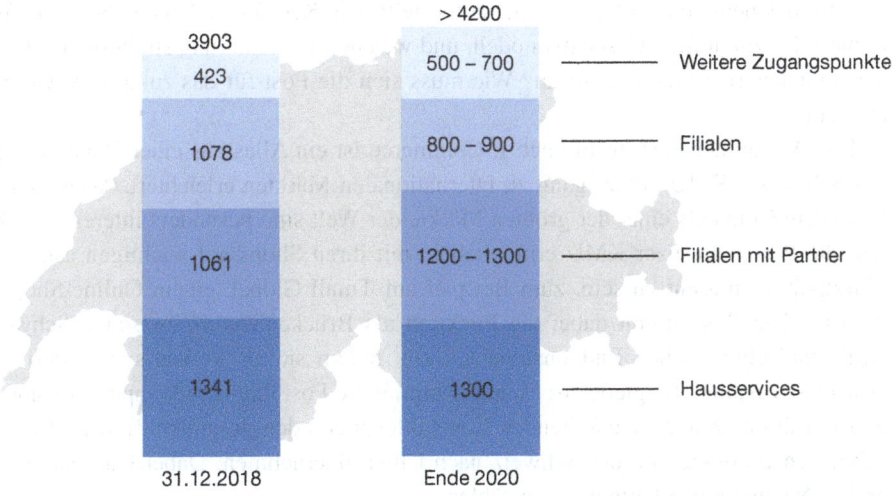

Abb. 2.10 Entwicklung der Zugangspunkte 2018–2020. (Aus Schweizerische Post 2018; mit freundlicher Genehmigung von © Schweizerische Post 2018. All Rights Reserved) (Schweizerische Post: Geschäftsbericht 2018, S. 34)

digt werden. Die Datensicherheit hat für die Post deshalb höchste Priorität. Sie geht höchst vertrauensvoll mit den Daten um und hält sich strikt an die geltenden Datenschutzgesetze. Ein Beispiel ist ihre Adressdatenbank. Diese ist in Bezug auf Qualität und Quantität schweizweit unübertroffen, dennoch verkauft die Post keine Adressen. Auch Daten wie zum Beispiel die Anzahl und die Art der Paketlieferungen an einen bestimmten Kunden bleiben bei der Post unter Verschluss. Das entgegengebrachte Vertrauen der Kunden in Sachen Datenschutz ist ein wichtiger Vorteil der Post als „Trusted Intermediary" bei Neuentwicklungen wie dem elektronischen Patientendossier oder E-Voting.

90 % der Kunden der Post sind B2B-Kunden. Sie stammen sowohl aus der Schweiz als auch aus dem Ausland. Für den nachhaltigen Geschäftserfolg sind für die Post die B2B-Kunden entscheidend, denn nicht der Endkonsument, sondern der Händler bezahlt den Versand und oftmals auch die Retouren. Trotzdem ist der enge Kontakt zum Endkunden wichtig. Denn ist der Endkunde zufrieden, sind es auch die B2B-Großversender. Die Post muss die Wertschöpfungskette „B2B2C" kennen und mit innovativen Services bewirtschaften. Zum Beispiel wird vom Endkunden im E-Commerce eine immer schnellere und individuellere Lieferung gefordert. Dies bedingt

- Beschleunigung und Dezentralisierung der Verarbeitungsprozesse,
- digitale, dynamische Tourenplanung,
- Mikrohubs für Zwischenlagerungen an zentralen Punkten (z. B. Container).

Dank solcher Adaptionen, die von digitalen Technologien unterstützt werden, ist die Post für das heutige Geschäft optimal aufgestellt. Die Kernfragen lauten aber: Wie funktioniert das zukünftige Geschäftsmodell, und welche Positionierung strebt die Post in einer digitalisierten Gesellschaft an? Wie muss sich die Post für das zukünftige Geschäft aufstellen?

Eine Vision der Post im Bereich E-Commerce ist ein Alles-aus-einer-Hand-Angebot, das Schweizer KMU den Zugang zu internationalen Märkten erleichtert. Asien und insbesondere China als einer der größten Märkte der Welt sind besonders interessant. Dazu will die Post Schweizer KMU ermöglichen, mit ihren Shops auf wichtigen asiatischen Marktplätzen präsent zu sein, zum Beispiel auf Tmall Global, einem Online-Shop von Alibaba. Die Post nimmt dabei die Funktion als Brückenbauerin zwischen Schweizer KMU und chinesischen Endkonsumenten ein, indem sie als Verkaufsvermittlerin und „Business Enabler" fungiert. Insbesondere nimmt die Post ihre Kernkompetenz wahr und will mit ihren grenzüberschreitenden Logistiklösungen den gesamten Transport der angebotenen Produkte von der Schweiz nach China übernehmen. Dabei kann sie auf ein breites Netzwerk von Partnerfirmen zählen.

Abschließend wurde mit Claudia Pletscher das bargeldlose Bezahlen in der Schweiz besprochen. PostFinance ist ein wichtiger Player auf dem Schweizer Markt und bietet Banken und Finanzdienstleistern mit Sitz in der Schweiz oder Liechtenstein gesamtheitliche Lösungen für den Zahlungsverkehr an. PostFinance und Schweizer Banken entwickelten ab 2014 Schweizer Bezahl-Apps. Aufgrund der steigenden Kundennachfrage und der immer stärker werdenden internationalen Konkurrenz wie Apple Pay und Alipay wurden die Bezahldienste Twint (Post) und Paymit (SIX und einige Schweizer Banken) 2016 zu einer einheitlichen Schweizer Lösung unter dem Namen Twint zusammengelegt. Die Erfolgschancen und der Einführungsplan von Twint wurden unter anderem im Silicon Valley verifiziert, da schnell klar war, dass ein solches Unterfangen auf finanzstarke internationale Konkurrenz stößt. Allein PayPal investierte zu diesem Zeitpunkt jährlich 2 Milliarden Dollar in neue Digitallösungen für bargeldloses Bezahlen. Für eine erfolgreiche Einführung von Twint brauchte es daher große Vertriebsfirmen als Partner. Fündig wurde man seither unter anderem bei der Migros, Coop und der SBB.

Twint bietet eine für die Händler in Bezug auf die Gebühren günstige Lösung. Heute kann mit Twint an den herkömmlichen Zahlterminals und in Online-Shops bezahlt werden. Auch Überweisungen zwischen Privatpersonen sind unkompliziert und digital möglich.

Obwohl 19 von 20 Zahlungen am Point of Sale stattfinden, war die Nachfrage des Detailhandels zu Beginn zögerlich, denn in Sachen Benutzerfreundlichkeit und Schnelligkeit – zentrale Aspekte bei der Bezahlung am Point of Sale – ist die WLAN-basierte-QR-Code-Lesetechnologie, wie sie bei Twint zum Einsatz kommt, der kontaktlosen NFC-Technologie unterlegen. Doch dank Zusatzfunktionen im E-Banking-Bereich wie Geldtransfer zwischen Bankkunden aufgrund der Handynummer nutzen Twint inzwischen zwei Millionen Kunden. Die Post musste bei der Einführung von Twint die Konkurrenzierung der PostFinance Card in Kauf nehmen. Dies erscheint auf den ersten Blick als Zielkonflikt. Auf den zweiten Blick entspricht es der Strategie der Post, ihren Kunden sowohl in der digitalen als auch in der physischen Welt auf allen Kanälen einen Mehrwert zu bieten. Das eine schließt das andere nicht aus.

Zusammenfassend wird das zukünftige Geschäftsmodell der Post durch folgende Trends bestimmt:

- Die Kundenbedürfnisse entwickeln sich hin zu noch mehr Personalisierung, Digitalisierung, Mobilität und Flexibilität.
- Das Briefvolumen geht zurück.
- Digitale Technologien sind die Treiber des Wandels, sind aber auch eine Chance, neue Dienstleistungen zu entwickeln.
- Neue, global tätige Mitbewerber stammen aus der digitalen Welt.
- Partnerschaften sind im globalisierten und technologiegeprägten Wettbewerb ein entscheidender Erfolgsfaktor.
- Das Paketgeschäft und die Bewirtschaftung der Wertschöpfungskette B2B2C gewinnen rasant an Bedeutung.
- Die Internationalisierung des Geschäfts schreitet aufgrund des grenzüberschreitenden E-Commerce voran.

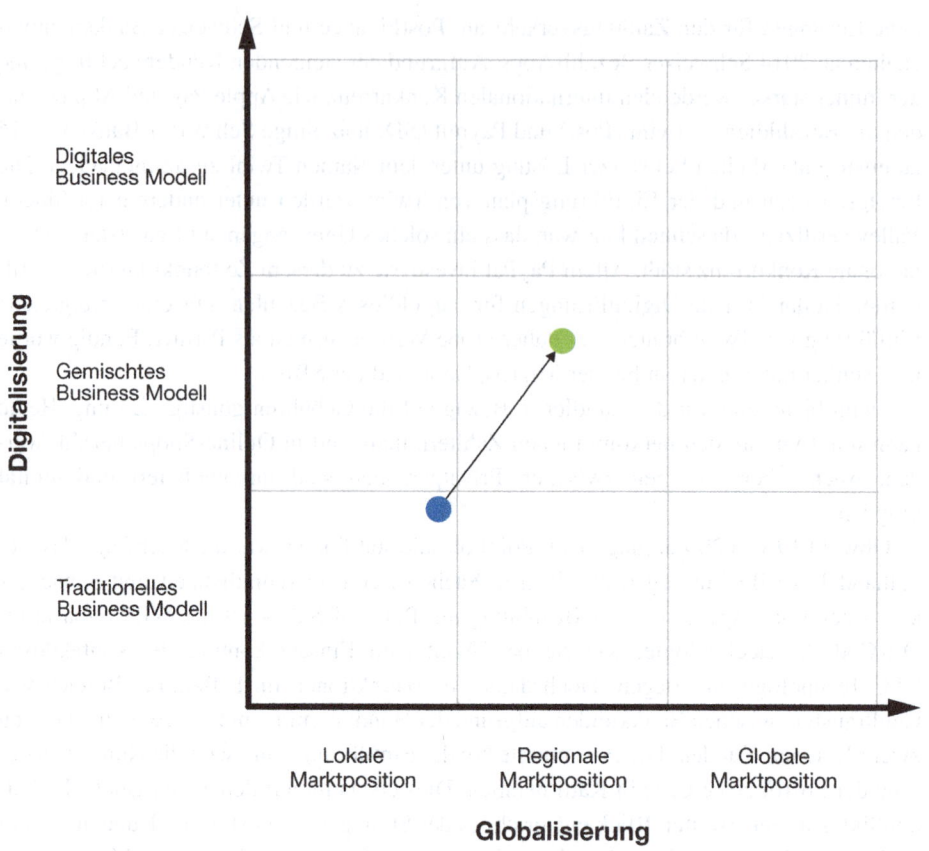

Abb. 2.11 Positionierung der Schweizerischen Post in der Digital-Business-Transformation-Matrix heute und in 10 Jahren. (Eigene Darstellung)

Für Claudia Pletscher ist die Post in 10 Jahren ein Top-Logistiker, der seine Kunden in der ganzen Wertschöpfungskette kennt (Abb. 2.11). Die Post nutzt die Möglichkeiten der Digitalisierung optimal. Sie geht ein Ökosystem von Partnerschaften ein, um ihre zunehmend digitalen und internationalen Dienstleistungen zu erbringen. Die Post bleibt in hohem Maße ein „Trusted Intermediary" und eine „Trusted Institution".

Die Schweizerische Post bietet ein umfangreiches Projektentwicklungsportfolio, das physische und digitale Dienstleistungen des Kerngeschäfts nahtlos miteinander verknüpft. Dank Partnerschaften kann sie zeit- und marktnah auf die anspruchsvollen Kundenbedürfnisse reagieren. Ein zentraler Aspekt ist die Bewirtschaftung der End-to-End-Wertschöpfungskette. Verschiedene Geschäftsbereiche wie die Logistik oder das digitale Bezahlen zeigen, dass Lösungen, die ohne Partner betrieben werden, in Zukunft zu kurz greifen. Dies wird dadurch verstärkt, dass der kleine Schweizer Markt ein zu begrenztes Marktvolumen aufweist, um nationale Lösungen international auszurollen. Die Wahl der Partner und die Arbeitsteilung mit diesen Partnern in den kommerziell-digitalen Ökosystemen sind von entscheidender Bedeutung.

Key Learnings
- Schweizerische Post in **Convergence zwischen traditionellem Postgeschäft und digitalem Geschäftsmodell als Logistikplattform.**
- „**Trusted Intermediary**" und „**Trusted Institution**" als Erfolgsbasis für digitale Transformation.
- **Ökosystem von Partnerschaften** ermöglicht Erbringen von digitalen und internationalen Dienstleistungen.

Digital Business Transformation – Strategische Optionen im veränderten Markt

3

Zusammenfassung

Mit den digitalen Geschäftsmodellen werden Märkte in veränderten, meist in verkürzten Wertschöpfungsketten im Vergleich zu traditionell-analogen Geschäftsmodellen bearbeitet. Große und zusammenhängende Märkte mit einer einzigen Sprache und einer einheitlichen Rechtsordnung sind für die Nutzung der digitalen Skaleneffekte von Vorteil.

In allen untersuchten Branchen entwickeln sich neben den angestammten Unternehmen digitale Pure-Player, welche die angestammten Marktleader herausfordern. In der digitalen Businesstransformation spielen digitale Start-ups eine entscheidende Rolle. Die Firmen werden in der Digital-Business-Transformation-Matrix positioniert. Die Matrix wird mit digitalen Pure-Playern ergänzt. Damit wird die digital-globale Wettbewerbssituation auf transparente Weise dargestellt.

3.1 Aktuelle Positionierung

Mit den digitalen Geschäftsmodellen werden Märkte in veränderten, meist in verkürzten Wertschöpfungsketten statt in traditionell-analogen Geschäftsmodellen bearbeitet. Große und zusammenhängende Märkte mit einer Sprache und einer einheitlichen Rechtsordnung sind für die Nutzung der Skaleneffekte von Vorteil.

Digitale Geschäftsmodelle informieren den Kunden transparenter über das vorhandene Produkt- und Serviceangebot. Der Margendruck für die Anbieter steigt, was in der Regel durch die Unternehmen über Kostenoptimierung und Volumenausweitung aufzufangen ist. Die Praxisbeispiele zeigen keine Quantensprünge. Kein Unternehmen wird ein grundsätzlich analoges Geschäftsmodell in einem einzigen großen Wurf in ein digitales Geschäftsmodell wandeln. Vielmehr geht es um eine stufenweise Unternehmensentwicklung: Bestandskunden sollen gepflegt und nachhaltig bedient werden. Zusätzliche, vorwiegend junge Kunden werden vielfach über die digitalen Kanäle akquiriert und bedient. Firmen durchlaufen bei der Transformation vom analogen in das digitale Geschäftsmodell oft eine hybride Phase, die Phase des gemischten Geschäftsmodells. In einigen Branchen wie im Luxusgüterhandel wird dem gemischten Geschäftsmodell, in diesem Falle einem Omni-Channel-Angebot, sogar das Potenzial für die optimale Geschäftsausrichtung zugeschrieben. Ein Luxusgüterkunde möchte sich online über das Angebot orientieren. Aber er will auch zwischen der Online- und Offline-Einkaufsmöglichkeit wählen können. Die Offline-Einkaufstätigkeit wird zum Erlebnis und ist nicht mehr eine unabdingbare Notwendigkeit, sondern eine Option, welche das Einkaufen attraktiver macht. Entsprechend werden die Ladenlokale als Treffpunkt und Erlebniszone inszeniert.

Große und zusammenhängende Märkte mit einheitlicher Rechtsordnung sind für eine digitale Businesstransformation für die Nutzung der Skaleneffekte von Vorteil. In der Schweiz sind aber auch viele hochkompetitive, digitale Nischenanbieter in verschiedenen Branchen wie im Elektronik- und Sensorikbereich, in der Medizintechnologie und in der Finanzindustrie tätig. Diese Hidden Champions (traditionelle Nischenanbieter) wie auch die digitalen Start-ups brauchen den Marktzugang. Aufgrund der aktuellen Positionierung aus dem begrenzten Heimmarkt Schweiz ist die digitale Internationalisierungsstrategie, das heißt die gezielte digitale Bearbeitung der internationalen Märkte, für Schweizer Firmen matchentscheidend. Die internationale Dimension spielt im digitalen Wettkampf eine große Bedeutung. Die Konkurrenz innerhalb eines digitalen Ökosystems wird größer, je größer der Zielmarkt ist. In einem großen Markt greifen Skalierungseffekte schneller. Bereits vorhandene Marktleader in einem großen Zielmarkt haben vielfach einen Entwicklungsvorsprung vor Newcomern, die aus dem relativ kleinen Schweizer Markt international aufrüsten, wie das Beispiel der auf dem Schweizer Markt führenden Bezahl-App TWINT zeigt. Die neun untersuchten Schweizer Firmen positionieren sich wie folgt in der Digital-Business-Transformation-Matrix (Abb. 3.1):

Es fällt auf, dass im Interviewkreis keine Firma mit einem rein digitalen Geschäftsmodell vertreten ist. Eine solche Firma wäre im obersten Balken der Matrix positioniert. Diese Firmen mit einem rein digitalen Geschäftsmodell geben Hinweise für die Digital-Transformation-Dynamik in der entsprechenden Branche. Hier stehen aber bewusst traditionelle Schweizer Firmen im Fokus, um den Transformationsprozess besser zu verstehen.

3.2   Entwicklungspfade

Alle untersuchten Firmen verfügen über einen Plan betreffend digitale Businesstransformation. Die Entwicklungspfade sind abhängig von der strategischen Ausgangslage, den einsetzbaren Ressourcen für den Veränderungsprozess und die jeweilige Konkurrenzsituation in der Branche. In Branchen wie im Retail-Banking greifen internationale digitale Wettbewerber direkt in den bisher relativ geschlossenen Heimmarkt ein. In anderen Bran-

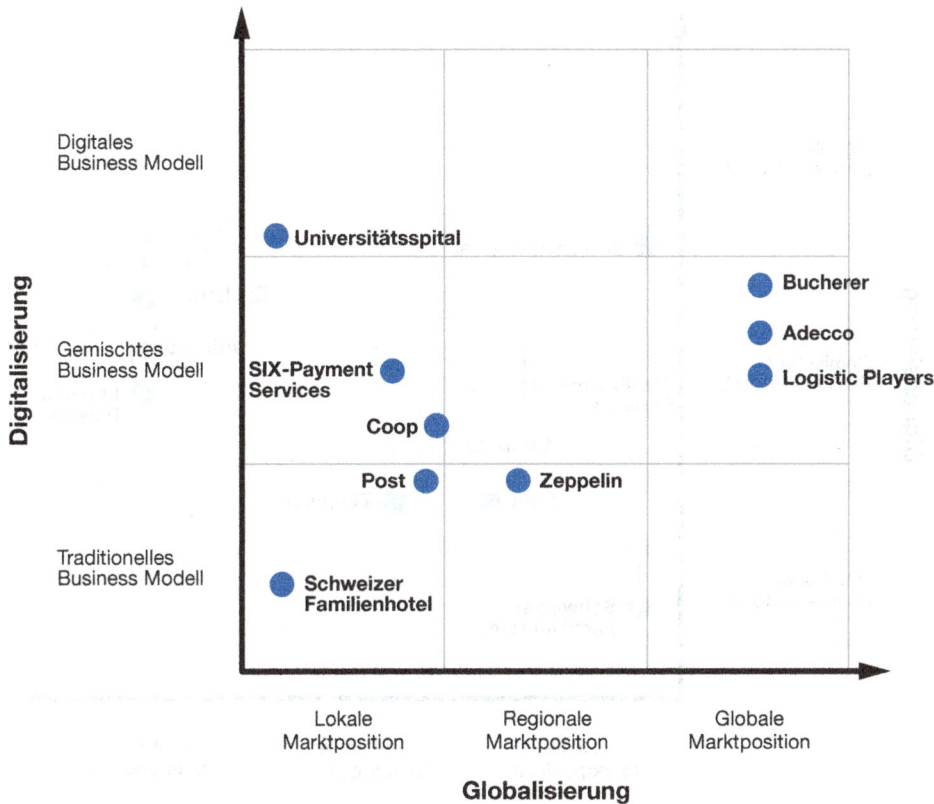

Abb. 3.1 Aktuelle Positionierung der untersuchten Schweizer Firmen in der Digital-Business-Transformation-Matrix. (Eigene Darstellung)

chen wie im Akutspital-Bereich wird die Transformation im Schweizer Markt vorläufig nur über einen aktuellen Standort in der Schweiz möglich sein.

Abb. 3.2 zeigt die geplanten Entwicklungspfade. Es fällt auf, dass alle Firmen eine ausgeprägte Nord-Süd-Ausrichtung ihres Entwicklungspfades skizzieren. Die digitale Veränderung steht im Fokus der Traditionsfirmen. Ein erfolgreicher Transformationsprozess setzt eine entsprechende Unternehmenskultur voraus. Die Unternehmensorganisation muss bereit sein, bestehende Prozesse zu hinterfragen und neu aufzusetzen. Vielfach müssen externe digitale Kompetenzen von außen in die Unternehmung gelotst werden, die agilere Arbeitsmethoden und neue Kommunikationsformen verlangen. Zudem wird in vielen digitalen Veränderungsprozessen das Bestandsgeschäft kannibalisiert: Die der digitalen Transparenz geschuldeten tieferen Margen müssen mit einer Mengenausweitung kompensiert werden. Ein preislich tieferes Angebot schlägt vorab im Sektor des gemischten Geschäftsmodells auf die Kundenmargen durch, welche nach wie vor analog bedient werden.

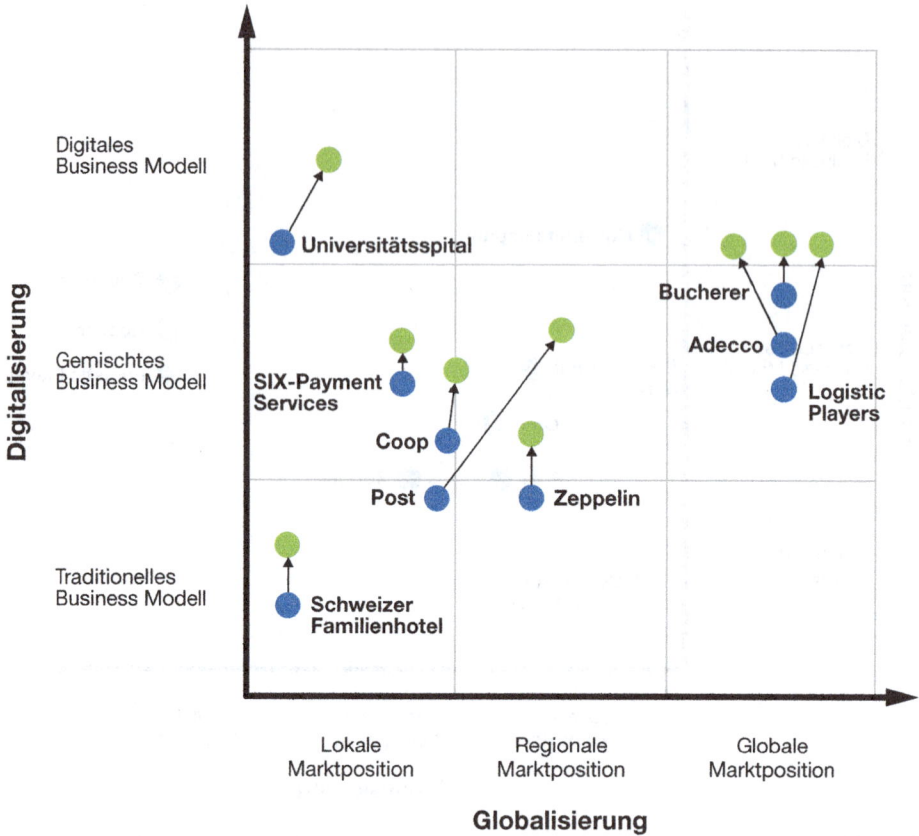

Abb. 3.2 Entwicklungspfade der untersuchten Schweizer Firmen dargestellt anhand der Digital-Business-Transformation-Matrix. (Eigene Darstellung)

3.3   Die digitalen Wettbewerber – Nightmare Competitors

In allen untersuchten Branchen entwickeln sich digitale Nightmare Competitors, welche die angestammten Marktleader herausfordern (Abb. 3.3). In der digitalen Businesstransformation spielen digitale Start-ups eine entscheidende Rolle. Die digitalen Geschäftsmodelle, das jeweilige Skalierungspotenzial und der digitale Zugang zum Kunden sind oft wegweisend für die Transformation eines analogen Marktleaders. Die Nightmare Competitors haben vielfach den Vorteil, dass sie punktgenau ein hochmargiges Produktsegment angreifen können, ohne Rücksicht auf Bestandskunden und auf Legacy-Systeme nehmen zu müssen. Diese Triebkraft wurde hier an anderer Stelle im Smartphone-Banking-Markt

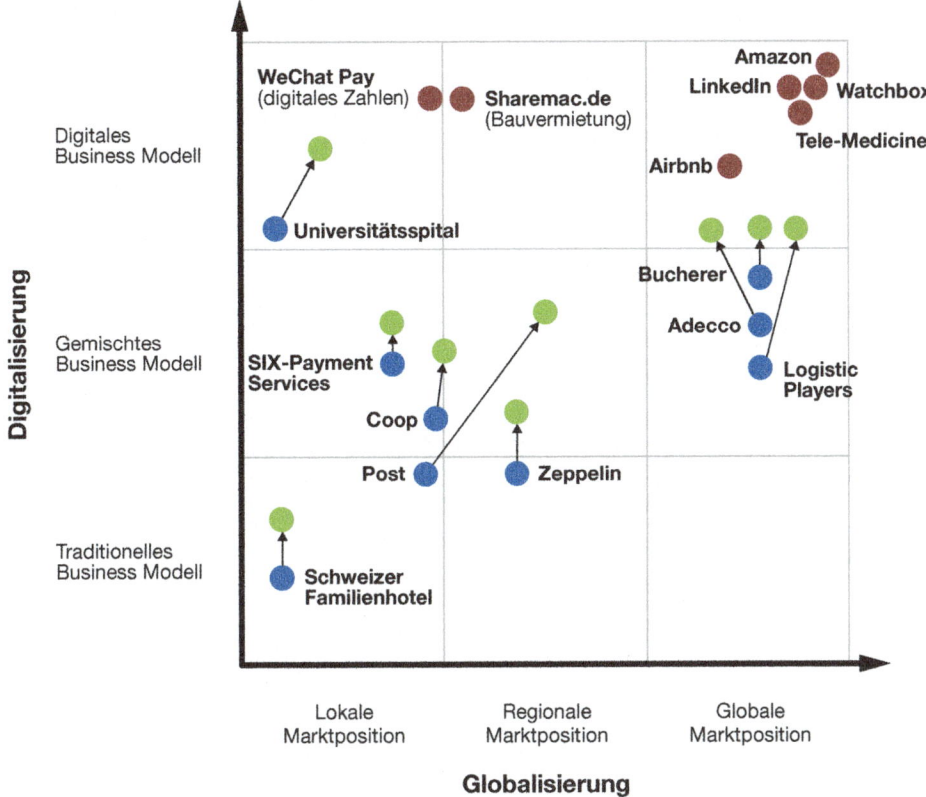

Abb. 3.3 Nightmare Competitors (rote Punkte) illustrativ dargestellt anhand der Digital-Business-Transformation-Matrix. (Eigene Darstellung)

Schweiz anhand des Fremdwährungsgeschäfts aufgezeigt. Die Nightmare Competitors sind in jedem Fall ernst zu nehmen. Deren Brand-Image, Vertraulichkeitsbonus und Servicequalität hinken zwar in vielen Fällen den traditionellen Firmen hinterher. Aber es hat sich bereits in vielen Branchen wie der Reise- und Bekleidungsindustrie sowie im Retail-Banking gezeigt, dass Albtraumkonkurrenten in fokussierten Marktnischen aufgrund neu geschaffener virtueller Ökosysteme ein großes und vor allem schnelles Skalierungspotenzial haben.

Abb. 3.2

Herausforderungen aus CEO-Sicht

4

Zusammenfassung

In der Synthese der Interviews und Fallstudien einerseits und der branchenspezifischen digitalen und globalen Herausforderungen andererseits wird eine Toolbox für CEOs vorgeschlagen, um die digitale Transformation erfolgreich zu planen und umzusetzen.

Aufgrund der neun Praxisbeispiele werden die Herausforderungen der digitalen Businesstransformation für CEOs zusammengefasst. Auf der Grundlage der Praxisbeispiele aus den Bereichen Uhren, Retail, Logistik, Industrie, Finanzindustrie und Gesundheitswesen werden Gemeinsamkeiten und Unterschiede dargestellt, mit dem Ziel, Handlungsempfehlungen zur digitalen Transformation abzuleiten.

Traditionelle Unternehmen stehen vor großen Herausforderungen, um im digitalen Zeitalter zu überleben. In diesem Kapitel werden die acht Kernpunkte für eine digitale Transformation eines traditionellen Unternehmens erläutert. Die Erkenntnisse aus den neun Praxisbeispielen in Kap. 2 fließen ein. Die Themen werden als Fragen formuliert, die sich der CEO und das Spitzenmanagement im Unternehmen stellen müssen, um eine digitale Transformation zu planen und erfolgreich umzusetzen (Abb. 4.1).

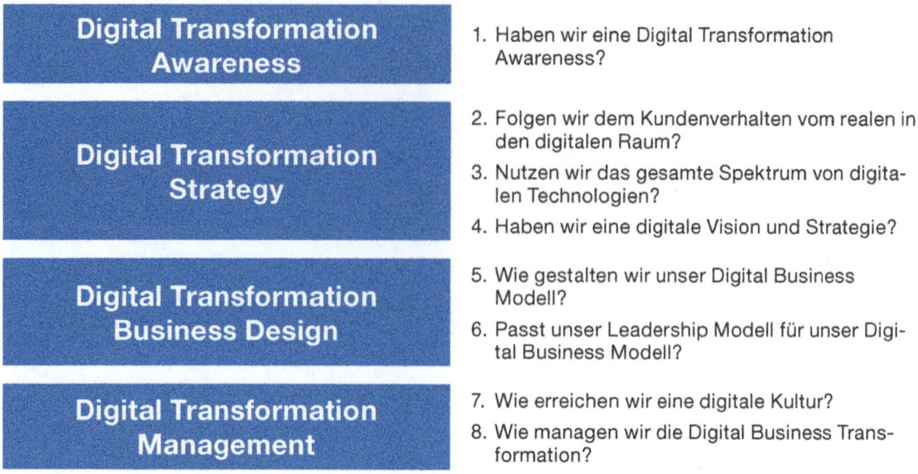

Digital Transformation Awareness	1. Haben wir eine Digital Transformation Awareness?
Digital Transformation Strategy	2. Folgen wir dem Kundenverhalten vom realen in den digitalen Raum? 3. Nutzen wir das gesamte Spektrum von digitalen Technologien? 4. Haben wir eine digitale Vision und Strategie?
Digital Transformation Business Design	5. Wie gestalten wir unser Digital Business Modell? 6. Passt unser Leadership Modell für unser Digital Business Modell?
Digital Transformation Management	7. Wie erreichen wir eine digitale Kultur? 8. Wie managen wir die Digital Business Transformation?

Abb. 4.1 Acht Schlüsselfragen der Digital-Business-Transformation. (Eigene Darstellung)

4.1   Haben wir eine Digital Transformation Awareness?

Die Schaffung von Digital Transformation Awareness setzt Transparenz voraus. CEOs müssen sich vergewissern, ob sie die Auswirkungen der Digitalisierung auf ihr Unternehmen verstehen.

Adecco beispielsweise sieht es als Priorität, sich Transparenz darüber zu verschaffen, was im Markt passiert und welche neuen Produkte und Services entstehen. Die Bereitschaft zur Schaffung transparenter Verhältnisse und die dafür nötige Offenheit sind erfolgskritisch und müssen vom Management vorgelebt werden. Bei Adecco waren die Vertriebsleute kritisch eingestellt gegenüber technologischen Neuerungen. Wie erreicht man es, dass nicht nur die Geschäftsleitung, sondern auch das Kader und die Mitarbeiter ihr Bild in die Zukunft verändern? Mindset Shift ist zentral. Die Betroffenen müssen den Bedarf zur Veränderung erkennen und verstehen; nur dann werden Veränderungen auch akzeptiert.

Neben der Marktsicht sind auch die internen Funktionsweisen auf den Prüfstein zu stellen. Habe ich als CEO Transparenz die Produkte betreffend, aber auch hinsichtlich der Prozesse und Strukturen?

Im Management des Universitätsspitals Zürich kommen digitale Führungssysteme, -prozesse und -tools zum Einsatz, welche Transparenz schaffen und eine faktenbasierte Diskussionskultur ermöglichen.

Nahe an den Fakten zu argumentieren, hilft, Veränderungsprozesse in Gang zu setzen. Oft verhilft das Aufzeigen von Fakten zu unverhofften Veränderungen. Als CEO stellt sich die Frage, ob die Fakten genügend visualisiert werden, sodass den Betroffenen Realitäten ganz bewusst vor Augen geführt werden.

Alert sein im Sinn der Hyperawareness heißt, dass man sich der digitalen Herausforderungen bewusst und offen für Veränderungen ist. Man ist in ständiger Alarmbereitschaft und in der Lage, schnell zu reagieren. Trendidentifikation, Trendbeurteilung und Ableitung von Chancen und Gefahren sind wichtig. Die relevanten und dringenden Themen sind von den operativen Aspekten abzugrenzen. Ansprechpartner werden situativ zurate gezogen. Wichtig wird ein chancenorientiertes Verfahren, sich mit offenen Augen und Ohren zu bewegen und einen für die jeweilige Situation maßgeschneiderten Sounding Board beizuziehen.

Als CEO ist es wichtig, offen zu sein für unerwartete Entdeckungen und glückliche Zufälle. Offenheit, Risikobereitschaft wie auch Serendipity sind wichtig, und Zufälle sollen gefördert werden. Serendipity bedeutet, dass man den Zufall mit offenen Armen empfängt. Unerwartete Entdeckungen und glückliche Zufälle spielen eine wesentliche Rolle. Meier Tobler, der Schweizer Haustechnikkonzern, hat bei seinen Kunden in der ganzen Schweiz Temperatursensoren für alle installierten Wärmepumpen montiert. Der Zufall wollte es, dass jemand erkannte, dass diese verfügbaren Temperaturdaten nicht nur für Meier Tobler, sondern auch für andere Adressaten, darunter meteorologische Einrichtungen, von Bedeutung sein könnten. Walter Meier hat eine neue App entwickelt, die diese Temperaturdaten einem größeren Kreis, weit über die traditionellen Kunden hinaus, zugänglich macht. Meier Tobler mit seinem Heer von installierten Wärmepumpen und Temperaturfühlern, die auch für andere Zwecke genutzt werden können, hat sich eine neue Geschäftsmöglichkeit eröffnet.

Verbringe ich genügend Zeit, um in die nächste Geländekammer zu schauen?
Sich bewusst Zeit zu nehmen, um – losgelöst von den Alltagsproblemen – die aktuelle Positionierung kritisch zu hinterfragen, ist ein Muss.

Veränderungen passieren in der digitalen Welt rascher als bisher. Die disruptiven Kräfte haben das Potenzial, das bestehende Geschäft eines Unternehmens zu gefährden. Die interviewten CEOs sind sich dieser Herausforderung bewusst und stellen sich folgende Fragen:

- Haben wir als Unternehmen **Transparenz** darüber, was im Markt hinsichtlich Digitalisierung passiert? Kennen wir die **digitale Konkurrenz**?
- Kennen wir die für unser Unternehmen relevanten **disruptiven Kräfte**?
- Verstehen wir unsere **Stärken** und **Schwächen** und die **Chancen** und **Gefahren**, welche aus disruptiven Kräften resultieren?
- Haben wir in unserem Unternehmen einen **Digital Radar**?
- Besteht in unserem Unternehmen eine Kultur der **Hyperawareness**?
- Verbringe ich als CEO genügend **Zeit**, um in die nächste Geländekammer zu schauen?

4.2   Folgen wir dem Kundenverhalten vom analogen in den digitalen Raum?

Der CEO muss das Kundenverhalten vom realen in den digitalen Raum und dessen Bedeutung für sein Geschäft verstehen. Digitale Transformation hilft, Kundenerfahrungen zu verbessern und maßgeschneiderte Produkte und Dienstleistungen anzubieten. Dank Kundendaten kann die Kundenbindung erhöht werden. Die Kundeninteraktion erfolgt intensiver, und die Kundenerfahrungen können in der strategischen Ausrichtung besser berücksichtigt werden.[1]

Wie ist das Verhältnis von Online und Offline bei der Meinungsbildung? Eine Ergänzung oder eine Konkurrenz?

Gerade bei der Meinungsbildung und beim Kaufentscheid ist die Kombination von Online und Offline wichtig, d. h. Omni-Channel. Der Online-Approach wird für den Search-Prozess und Kaufentscheid genutzt. Beim Uhrenkauf oder im Retail erkundigt sich der Kunde immer mehr im Internet, der eigentliche Kauf erfolgt dann aber offline. Offline und Online werden dabei nicht als Konkurrenz-, sondern als Komplementärkanäle betrachtet. Im Luxusuhrendetailhandel zeigt sich eindrücklich, dass Online- und Offline-Präsenz nicht ein „Entweder-Oder", sondern vielmehr ein „Sowohl-als auch" sind. Online-Medien werden immer mehr im Rahmen der Entscheidungsvorbereitung genutzt. Der Kauf findet hingegen im Laden statt.

Für Adecco oder im Tourismus spielt die persönliche Interaktion neben den digitalen Tools eine bedeutende Rolle. Online können zentrale Themen wie „Customer Platform, Branding, Influencer" verfolgt werden, während dezentral das „Erlebnis" im Vordergrund steht. Ladenlokale werden für die Brand-Pflege und für die Schaffung von Erlebniswelten eingesetzt, während der digitale Verkauf online passiert; Bucherer und Tourneau, Espresso, Zalando, Amazon, Zur Rose sind nur einige Beispiele dafür. Die Auswahl, das Testen, Erleben finden im Ladenlokal statt, beispielsweise für 100 Schweizer Franken bei Globetrotter, während die Vorinformation und die Transaktion im Internet erfolgen.

Mit neuen Medien und digitalen Technologien eröffnen sich völlig neue Möglichkeiten, die Customer Journey und die Customer Experience zu gestalten.

Schon früher hieß es „Der Kunde ist König". In der digitalen Welt erhält der Begriff „Customer Centricity" aber eine neue Dimension: die Customer-Centric-Organisation.

Als CEO stehen folgende Fragen im Vordergrund:

- Sind wir eine **Customer-Centric-Organisation**?
- Bildet unsere Digital-Transformation-Strategie das **Customer-Experience-Management** ab?
- Begleiten wir den Kunden auf der **gesamten Customer Journey**?
- Stellen wir dem Neukunden auf verschiedenen Kanälen Informationen zur Verfügung?

---

[1] Peter: KMU-Transformation, 2017, S. 66.

* Haben wir mit unseren **Stammkunden** eine persönliche Beziehung mit der Firma etabliert?
* Messen und verbessern wir die Kundenerfahrung in jeder Phase? Nutzen wir alle **digitalen Kanäle**?
* Erreichen wir den **Millenniumkunden**?

4.3   Nutzen wir das gesamte Spektrum von digitalen Technologien?

Unternehmungen mit fortgeschrittener Erfahrung in der Digitalisierung haben bereits eine leistungsstarke IT-Architektur eingeführt. Beispiele dafür sind Coop oder das Universitätsspital.

Als CEO stellt sich die Frage, welche Bedeutung die Technologie im eigenen Unternehmen hat. Unterstützt Technologie die Kernprozesse der Unternehmung oder ist sie Basis für ein neues Geschäft?

Technologie spielt in vielen Branchen eine immer wichtigere Rolle, wie dies beispielsweise in der Retail- und der Logistikbranche zu beobachten ist. Firmen wie Coop und Panalpina haben massiv in ihre ERP-Systeme investiert und werden somit immer mehr zu Technologieunternehmen.

Verfügen wir über State-of-the-Art-Führungssysteme, welche es ermöglichen, Prozesse zu automatisieren und damit die Effizienz zu steigern?

Das Universitätsspital Zürich verfügt über IT-Systeme, welche es ermöglichen, dass die Leistungserfassung bis am Ende des Tages und die Rechnungstellung am nächsten Tag erfolgen.

Nutzt die Unternehmung digitale Tools, und ist sie offen für digitale Innovationen?

Das Universitätsspital ist im IT-Bereich weitgehend dezentral aufgestellt. Kernapplikationen unterstützen die Front, während sich die Gruppe auf strategische Themen konzentriert und Standards festlegt. Zeppelin erkennt IT der zwei Geschwindigkeiten an: einerseits traditionelle IT-Tools, zum anderen agile Technologien. SAP wurde vor 10 Jahren eingeführt und bildet ein wichtiges Fundament für die Betriebsprozesse, kommt aber immer mehr auch für agile Projektmethodik zum Einsatz.

Digitale Tools setzen sich immer mehr durch. Unter dem Begriff „Business Intelligence" subsummieren sich Data Warehousing und Reporting. „Big Data" befasst sich mit Technologien, welche das Sammeln, Verarbeiten und Speichern von großen, unstrukturierten Datenmengen zum Gegenstand haben. „Machine Learning" hilft, Algorithmen zur Mustererkennung zu entwickeln und einzusetzen. „Data Science" hat den Maschineneinsatz zur Problemlösung und Entscheidungsfindung zum Gegenstand; „Artificial Intelligence" ist davon eine mögliche Lösung.[2]

---

[2] Blohm: How to build a data-driven Organization, Universität St. Gallen, 2019.

Digitale Tools wenden viele der interviewten Firmen bereits an. Adecco verwendet Chatbot im Rekrutierungsprozess, Transportfirmen loten Möglichkeiten mit Blockchain-Technologie aus. Das Universitätsspital ist im Bereich „Business Intelligence" weit fortgeschritten und will künftig auch Big Data nutzen. Coop setzt auf Analytics; Sprachassistenten sind Beispiele, wie der Retail-Sektor mittelfristig weiter umgepflügt wird. Gemäß Coop haben sie das Potenzial, die Position lokaler und regionaler Detailhändler herauszufordern, da geografische Grenzen verschwinden.

Die Bedeutung von Technologie nimmt in vielen Branchen zu. Digitale Technologien spielen eine Rolle für die Automatisierung der Prozesse und zur Optimierung des bestehenden Geschäftes. Gleichzeitig sind digitale Technologien häufig der Enabler für disruptive Geschäftsmodelle. Der CEO steht vor folgenden Fragen:

- Welche Technologien sind wichtig für mein Unternehmen? Stellen sie Kernkompetenzen dar?
- Welche **digitalen Technologien** kommen im Unternehmen zur Anwendung?
- Welche digitalen Technologien haben das Potenzial, das bestehende Geschäft weiterzuentwickeln respektive neue Geschäftsmodelle zu entwickeln?
- Wie verändert die **Digitalisierung unsere Prozesse**?
- Nutze ich in meinem Geschäft **Business Intelligence**? Nutze ich Data Warehousing, Data Analytics?
- Nutze ich in meinem Geschäft **Artificial Intelligence** und **Machine Learning**?

4.4   Haben wir eine digitale Vision und Strategie?

4.4.1   Digitaler Strategieprozess

Wie funktioniert der digitale Strategieprozess, und welches sind die Unterschiede zur gängigen strategischen Planung?

Bei einer digitalen Strategie sind drei Punkte[3] besonders zu beachten: (1) Überblick schaffen betreffend die zweckmäßigen Technologien für das Unternehmen, (2) neue Geschäftsmodelle und die Positionierung in überbetrieblichen Wertschöpfungsketten erkunden sowie (3) die personellen und finanziellen Aufwendungen für die Umsetzung der neuen Strategie sowie die erforderlichen Kompetenzen abschätzen.

Die Digitalstrategie ist Teil der Unternehmensstrategie. Vor allem für KMUs gilt, dass begrenzte Mittel vorhanden sind und trotzdem Wege gefunden werden müssen, um mit der Digitalisierung umzugehen. Anstelle eines ausführlichen Dokumentes genügt vielfach eine Roadmap. Die Priorisierung von Ideen und weniger ein ausführlicher Businessplan steht im Zentrum. Ein CEO muss sich permanent kritisch hinterfragen: Habe ich mit meinen Maßnahmen 80 % der Probleme erfasst? Habe ich etwas verpasst? Gibt es einen blin-

---

[3] Peter: KMU-Transformation, 2017, S. 142.

den Fleck? Habe ich wichtige Trends ignoriert? Damit wird bewusst mehr Intuition zuge-
lassen. Identifizierte Themen werden priorisiert, was agiles Handeln fördert.

4.4.2 Nightmare Competitors

Fokussiere ich mich auf neue Ideen und Gedankenanstöße aus dem angestammten Ge-
schäft? Oder suche ich Innovationen fernab vom heutigen Kerngeschäft? Konkurrenz
oder Ergänzung?

Prof. Frankenberger, Universität St. Gallen, sagt, dass 90 % der Geschäftsinnovationen
auf Rekombinationen basieren.[4] Nebst dem inkrementellen Approach spielt aber auch der
disruptive Ansatz eine entscheidende Rolle im Strategieprozess. Verschiedene Praxisfälle
wie beispielsweise Adecco und Zeppelin zeigen, wie mit dem **Nightmare Competitors**
Approach gezielt ein Innovationsschub ausgelöst wurde.

4.4.3 Make or Join

„If you cannot beat them, join them." Analog zu diesem Grundsatz müssen sich Firmen
kritisch fragen, ob sie Standards setzen oder gängige Standards anwenden wollen.

Adecco als ein Beispiel von vielen anderen zeigt, dass sich die eingesetzten Technologien als Flickenteppich präsentieren. Es fehlen einheitliche Standards, und die Qualität der
Technologieinfrastruktur ist sehr unterschiedlich; es gab beispielsweise bis vor Kurzem
Filialen ohne WLAN. Der Wille zur Beschleunigung der Digitalisierungsprozesse wie
auch die harte Konkurrenz im digitalen Rahmen sind die Hauptgründe, weshalb Adecco
auf die Anwendung gängiger Standards setzt.

Speed-to-market ist ein weiteres Argument für die Anwendung von Standards. Die Realität zeigt immer wieder, dass IT-Projekte nach dem Go-Entscheid dreimal länger dauern
als geplant. Hier stellt sich Adecco bewusst die Frage, wie diese Geschwindigkeit erhöht
wird. Prioritäre Corporate IT versus externe Applikationen sind gegenseitig abzuwägen.

SIX setzt auf echte durchgehende und ausnahmslose Standardisierung. Alle Partner müssen eingebunden werden. Die Standardisierung muss alle Prozessschritte im End-to-End-Informationsaustausch beinhalten.

SIX steht dabei mit den eigenen Standards in Konkurrenz zu fremden Standards. Big-
Tech- Firmen mit ihren Standards und proprietären Schnittstellen wie Apple sind eine
Bedrohung. Kostengünstige Kreditkarten wie Revolut können den Zahlungsmarkt von au-
ßerhalb der Schweiz aufmischen.

Gerade Schweizer Firmen müssen sich aufgrund des kleinräumigen Heimmarktes fragen, ob die Verfolgung eigener Standards überhaupt realistisch und zielführend ist. Die
erfolglose Markteinführung von Siroop (Coop), beyoo (Swissair Group), Twint zeigen

---

[4]Frankenberger: Mit Geschäftsmodell-Innovationen den Wandel meistern, 20.08.2018.

auf, wie herausfordernd eine erfolgreiche Vermarktung sein kann, wenn die Marktgröße in der Heimbasis subkritisch ist.

Andere Praxisbeispiele zeigen auf, wie mit Partnerschaften die eigene Marktposition ausgebaut wird. Bucherer ging mit Tourneau eine Partnerschaft ein, um die Uhrendetailhandelsposition international zu verbreitern. Richemont tut dies im Rahmen eines Joint Ventures mit Alibaba.

Als CEO muss ich folgende Schlüsselfragen stellen:

- Wie funktioniert der **digitale Strategieprozess**? Welches sind die Unterschiede zum traditionellen Planungsprozess?
- Wie erlange ich eine neue **Handlungsfähigkeit im disruptiven Marktumfeld**?
- Welche Antwort habe ich auf **disruptive Bedrohungen**?
- Können wir einen **digitalen Standard** setzen und eine Plattform aufbauen? Sollen wir andere digitale Standards nutzen?
- Liegt unser Fokus auf Daten, neuen Technologien und neuen Kundenbedürfnissen?
- Wie kann die **Kundenorientierung mittels Digitalisierung** verbessert werden?
- Habe ich mit meinen Maßnahmen **80 % der Probleme erfasst**? Habe ich wichtige Trends ignoriert? Habe ich einen blinden Fleck?
- Habe ich eine Antwort auf **Nightmare Competitors**? Beinhaltet meine Strategie sinnvolle Antworten auf meine disruptiven Herausforderungen?
- Wie kann ich mein **bestehendes Geschäft erfolgreich verteidigen**?
- Wie kann ich mein bestehendes Geschäft digitalisieren? Ist ein digitales Modell realisierbar, oder ist es zielführender, das angestammte Geschäft mit digitalen Themen anzureichern?

4.5   Wie gestalten wir unser Digital-Business-Modell?

„Teilen anstelle von Besitzen" ist ein Schlüsselanliegen der an Bedeutung gewinnenden Sharing Economy.

Zeppelin hat gezeigt, wie ein traditionelles Geschäft dank Inspirationen seitens booking.com und Amazon und viel Durchhaltewillen in ein digitales Geschäftsmodell transformiert wurde. Zeppelin tut dies mit seinen Marktplätzen im Baumaschinenbereich. Bucher und andere Uhrenhersteller erlangen Zugang zu Marktplätzen mittels Joint Ventures im Uhren-Retail.

Ist die Entwicklung von neuen Plattformen als weitere Ausprägung digitaler Businessmodelle erreichbar oder Wunschdenken?

Nestlé will mit Plattformgeschäften wachsen, wie beispielsweise Nespresso, Dolce Gusto oder Kitkat.[5] Unter den Interviewpartnern verfolgen verschiedene den Plan, Plattformgeschäfte aufzubauen.

---

[5] Bulcke: Wir warten nicht, bis uns Steuern angedroht werden, Handelszeitung, 08.04.2018, S. 27.

Der Retail-Handel ist bezüglich digitaler Transformation bereits weit fortgeschritten, hat wichtige Erfahrungen gesammelt und damit auch die Grenzen für den Aufbau von Plattformen erkannt. Es zeigt sich, dass die Online-Durchsetzung stark produktabhängig ist. Im Falle von Coop ist im Non-Food-Bereich der Online-Anteil mit 50 % markant höher im Vergleich zum Food-Bereich. Aufgrund der Limitationen verfolgt Coop mit Interdiscount eine Omni-Channel-Strategie, d. h. eine enge Verbindung von Online und Offline und die Vernetzung der IT-Systeme. Damit wird den Kundenerwartungen Rechnung getragen, nämlich eine enge Verzahnung der verschiedenen Distributionskanäle. Für eine Erstberatung und für kleinere Produkte wird auch für elektronische Produkte der Laden aufgesucht. Die eigentliche Produktsuche erfolgt aber oft online, gefolgt von der Bestellung online und schließlich der Lieferung großer Wareneinheiten wie Fernseher per Auslieferdienst. Im Elektronikbereich bestellt man am Morgen und erwartet die Auslieferung oder Abholung der Ware am Abend.

Der CEO steht vor der Frage, wie er sein traditionelles Geschäftsmodell auf die Chancen und Gefahren der Digitalisierung ausrichtet:

- Wird das bestehende Geschäft (Exploit) digitalisiert und/oder werden neue disruptive Geschäftsmodelle (Explore) geschaffen?
- Sind **Sharing- respektive Plattformgeschäftsmodelle** realistische Zukunftsoptionen?
- Welches sind interessante **Alternativen zu Plattformgeschäftsmodellen**?
- Wie sehen mögliche **Kooperationen von Offline- und Online**-Geschäften aus?

4.6   Wie gestalten wir unsere digitale Leadership und Governance?

Die Digitalisierung beeinflusst auch die Organisationsformen und stellt ein wertvolles Werkzeug für den künftigen Fortschritt dar. Welche Bedeutung kommt dabei agilen Entwicklungen zu?

Hierarchische Machtstrukturen, generalstabsmäßige Strategiepläne und vertikales Fachwissen verlieren an Wichtigkeit. Demgegenüber gewinnen agile Entwicklungen und Organisationen an Bedeutung. Aktuelle Studien zeigen, dass agile Arbeitsformen in einem Drittel der Schweizer Firmen zur Anwendung kommen. Die neue partizipative Führungsstruktur des 4.0-Zeitalters erlaubt freies, flexibles, kreatives und agiles Handeln. In der digitalen Transformation kommt dem agilen Projektmanagement große Bedeutung zu. Agiles Projektmanagement hilft, Rollen, Prozesse und Projektpläne nicht aus der klassischen Vorgehensweise zu hinterfragen, sondern die verschiedenen Anspruchsgruppen während des gesamten Projekts intensiv einzubeziehen und rasches Lernen zu fördern.

Design Thinking und Scrum sind Ausprägungen agilen Handelns.

Design Thinking basiert auf Methoden des Designs; Ziel ist es, dabei eine kreative, nichtlineare, iterative und interaktive Denkweise zu etablieren. Scrum stellt eine agile Entwicklungsmethode dar. Die Entwicklung wird in Interaktionen, „Sprints", organisiert. Ein

Team liefert Stück für Stück ein potenziell nutzbares Produkt. Im Rahmen von ERP-Einführungen wird beispielsweise vermehrt ein agiler Approach gewählt; durch schrittweises Lernen werden neue IT-Systeme eingeführt. Die Scrum-Vorgehensweise, Sprint-Entwicklungseinheiten, gemischte Teams mit Kundenvertretern und Entwicklern werden zu gängigen Führungsinstrumenten. Trotz kooperativen Führungsverhaltens, welches diesen agilen Führungsformen zugrunde liegt, stellt sich immer mehr die Frage, wann es an der Zeit für einen Chef-Entscheid ist. Die Erfahrungen zeigen, dass sich dieser Führungsstil nicht für Gesamtunternehmungen, jedoch für Innovationsteams eignet. Nur 10 % der Chefs nutzen neue Methoden. Unternehmungen müssen für sich entscheiden, unter welchen Umständen agile Arbeitsformen Sinn machen.[6]

Es erweist sich als erfolgsversprechend, Digitalisierung als Innovationsprojekt getrennt vom Kerngeschäft zu führen. Deshalb hat sich die Differenzierung zwischen Innovation Engine und Performance Engine in vielen Unternehmungen etabliert.[7] Wie sieht es im eigenen Unternehmen aus?

Im **Innovation Engine** sind innovative digitale Projekte mit radikalem und disruptivem Charakter angesiedelt. Diese Separierung hilft, wesentlich schneller und reaktionsfähiger auf Veränderungen der Umwelt zu reagieren. Demgegenüber ist der **Performance Engine** verantwortlich für die Ausführung des operativen Geschäfts und auf Verlässlichkeit und Effizienz ausgelegt. Diese Unterscheidung lässt sich auch mit den Begriffen „agiles Handeln" vs. „Bricks-and-Mortar-Umsetzung" beschreiben. Wichtig ist, dass sich beide Approaches ergänzen und nicht ausschließen, wie es Coop, Adecco oder Zeppelin eindrücklich zeigen.

Ergebnis des Innovation Engine sind beispielsweise digitale Plattformen, welche unser Kundeninterface stehlen. Zeppelin hat im Lab den Aufbau von Marktplätzen vorangetrieben, in Ergänzung zum traditionellen Handelsgeschäft. Uhren-Retail-Firmen wie Bucherer oder Richemont gehen Partnerschaften mit E-Commerce-Playern ein. Demgegenüber lassen sich im Tourismus auch Grenzen der Intermediäre erkennen. Die persönliche Interaktion gewinnt wieder mehr an Bedeutung.

Ein nützlicher Ansatz für traditionelle wie auch für sich stark wandelnde Firmen stellt die prozessorientierte Organisation dar. Besteht in der Firma Klarheit bezüglich der Kernprozesse?

Wichtig ist, dass die Kernprozesse transparent aufgezeigt werden und Grundlage bilden für die relevanten Führungssysteme und die Unternehmensorganisation. Die Definition der Kernprozesse ist somit auch eine wichtige Hausaufgabe im Rahmen der digitalen Transformation. Auf dieser Grundlage gilt es, bestehende Prozesse zu optimieren und damit die Effizienz zu verbessern (do the things right). Es wird dann auch möglich, neue Value Propositions zu schaffen, d. h. die Effektivität zu erhöhen (do the right things).[8] Dieser Approach hilft, Prozesse standardisierter, schneller und effizienter im Betriebsalltag

---

[6] Schilliger: Agiles Fussvolk, Handelszeitung, 13.06.2019, S. 26 f.

[7] Kreutzer/Neugebauer/Pattloch: Digital Business Leadership, 2017, S. 101.

[8] Jung: From Digitization to Ecosystems, 18.06.2019.

zu gestalten. Die Digitalisierung der Prozesse stellt sicher, dass Medienbrüche vermieden und Schnittstellen besser überwunden werden. Die prozessorientierte Organisation führt zu höherer Produktivität und fördert die Innovationsfähigkeit.[9]

Das Universitätsspital Zürich versucht diesen Weg zu beschreiten. Prof. Zünd betrachtet das Universitätsspital als Expertenorganisation, welche sich durch flache Hierarchien und eine föderalistische Organisationsstruktur auszeichnet. Sind diese Potenziale im Unternehmen ausgeschöpft?

Das Universitätsspital setzt auf „Network of empowered teams", Transparenz hilft, Expertenorganisationen zu führen. Analog zur politischen Struktur in der Schweiz mit starken Gemeinden und dem Bund, welcher sich auf Koordinationsfunktionen beschränkt, nehmen die Kliniken im Universitätsspital eine zentrale Rolle ein. Die Leitung des Universitätsspitals sieht sich als Dirigent des Orchesters und ist bemüht, die verschiedenen Player, d. h. Kliniken, in der Zusammenarbeit zu unterstützen. Die „Dirigentenrolle" wird möglich dank digitaler Führungssysteme; sie ermöglichen effektive dezentrale Führung in den operativen Einheiten und gleichzeitig eine zielgerichtete Koordination durch die Gruppenleitung.

Digitalisierungsbemühungen werfen ein neues Licht auf Themen wie Zentralisierung versus Dezentralisierung. Werden diese Gegensatzpaare bewusst hinterfragt?

Digitale Transformation eröffnet vor allem dezentralen Geschäften dank der schnellen und umfassenden Informationsaufbereitung neue Möglichkeiten. Das Universitätsspital setzt auf prozessorientierte Führung und will mithilfe digitaler Tools sein Operating Model neu ausrichten. Das Universitätsspital will beispielsweise im ambulanten Bereich dank der Digitalisierung wachsen; digitale Tools schaffen dank der schnellen und umfassenden Informationsaufbereitung neue Möglichkeiten, welche die Rolle des Hausarztes künftig wesentlich beeinflussen wird.

Aus Governance- und Führungssicht muss sich der CEO folgende Fragen stellen:

- Finden nebst **traditionellen Organisationsformen** auch neue Organisationsmodelle wie **agile Organisationsformen Anwendung**?
- Bestehen im Unternehmen Klarheit hinsichtlich der **Kernprozesse** und klare „End-to-End-Beziehungen"? Ist die Organisation darauf zweckmäßig ausgerichtet?
- Wird **Innovation** durch eine geeignete Organisation gefördert?
- Wie sieht die Organisation **wiederkehrender, nichtkomplexer Transaktionen** im Unternehmen aus?

---

[9] Peter: KMU-Transformation, 2017, S. 59/S. 87 ff.

4.7   Wie erreichen wir eine digitale Kultur?

Mit der digitalen Transformation verändern sich nicht nur Tools, sondern auch der Umgang mit Daten wie auch die Organisationsstruktur. Hat die Firma noch den richtigen Mindset?

„Die Komponenten Mensch, Technologie und Prozesse verschmelzen künftig noch mehr."[10] Agilität, schnelles Denken und Ansätze wie Design Thinking werden wichtig.[11] Die Bereitschaft der Mitarbeiter ist für den kulturellen Wandel entscheidend. **Programme** (Bonusprogramme, Zielsetzungsprozesse), **Prozesse und Strukturen** (Arbeitsmodelle, partizipative Entscheidungsprozesse) wie auch **Personen** (das Führungsverständnis und -verhalten der Schlüsselleute) sind entscheidende Parameter, welche das Kulturverständnis beeinflussen.[12]

Wird Digitalisierung als Chance oder Gefahr im Unternehmen wahrgenommen?

Der CEO sieht sich im eigenen Unternehmen häufig mit zwei Welten konfrontiert: Ein Teil der Mitarbeitenden steht der Digitalisierung offen gegenüber und sieht vor allem Chancen und zukünftige Potenziale. Ein häufig größerer Teil aber orientiert sich an den Gefahren, negiert die Bedeutung für das eigene Unternehmen und will keine Veränderung.

Mit diesem Dilemma konfrontiert stellt sich der CEO die folgenden Fragen:

*   Wie ist die **digitale Leistungsfähigkeit** und **Leistungsbereitschaft** meiner Mitarbeiter?
*   Wie erreiche ich einen **Mindset Shift** gegenüber den Chancen und Herausforderungen der Digitalisierung bei meinen Mitarbeitern?
*   Wie erreiche ich eine **Kultur der Offenheit, Risikobereitschaft** und **Serendipity**?
*   Welches ist die **Digital Readiness** meines Unternehmens?

4.8   Wie managen wir die Digital Business Transformation?

Welche Bedeutung hat „Exploit" versus „Explore" im Unternehmen?

Besonders in Branchen mit hoher Wettbewerbsintensität wie im Retail-Bereich kommt dem **Kostenfaktor eine permanente Rolle** zu. Im Budgetprozess besteht hoher Kostendruck, und Conrad von Coop meint: „Budgetgespräche sind Knetgespräche." Entsprechend ist das Drehen an der Kostenschraube ein wiederkehrender Prozess in der jährlichen Budgetierung. „Exploit" steht dabei im Zentrum, d. h. die Optimierung im bestehenden Geschäftsmodell. Optimierungen im bestehenden Geschäftsmodell sind insbesondere in wettbewerbsintensiven Industrien wichtig, so auch im Transport- und Logistikbereich.

---

[10] Peter: KMU-Transformation, 2017, S. 80.
[11] Schilliger: Agiles Fussvolk, 13.06.2019, S. 26.
[12] Peter: KMU-Transformation, 2017, S. 147 f.

Im Rahmen der Optimierung der Geschäftsmodelle verdeutlicht sich der Trend, dass der grenzüberschreitende Güterhandel an Grenzen stößt, während die Optimierungspotenziale im globalen Dienstleistungshandel weiterhin bestehen. Digitale Technologien fordern den Güterhandel heraus; weite Teile der Produktion in Niedriglohnländern kommen zurück nach Europa. Produktionsschritte, welche sich standardisieren und automatisieren lassen, werden immer mehr von Robotern erledigt.[13]

Demgegenüber bezieht sich „Explore" auf das Entwickeln neuer Geschäftsmodelle. Digitale Medien sind auch hier der Treiber für neue Geschäftsmodelle. Zeppelin entwickelt neue Marktplätze, der Uhrendetailhandel expandiert mit Online-Vertriebskanälen, Adecco kämpft gegen starke Online-Player.

Dabei zeigt sich, dass digitale Technologien sowohl bezüglich „Exploit" als auch „Explore" eine federführende Rolle spielen. Daraus ergeben sich folgende Fragen für den CEO:

- Verstehe ich mein Unternehmen als **Innovator** oder als **Umsetzer des Bewährten**?
- Haben wir alle Möglichkeiten und Potenziale von **Changemanagement** umgesetzt? Führen wir einen regelmäßigen **Changemanagementcheck** durch?
- Wo stehen wir betreffend **Transformation-Management**? Ist es ein Thema, das bereits umgesetzt wird, oder liegen schon Resultate vor?

---

[13] Straubhaar: Globalisierung ändert ihr Gesicht, Finanz & Wirtschaft, 02.03.2019, S. 3.

Digital Business Transformation – Toolbox für den CEO

5

Zusammenfassung

In diesem Kapitel wird eine Toolbox für den CEO und die Geschäftsleitung entwickelt, um die Herausforderungen in den vier Themenbereichen Digital Transformation Awareness, Digital-Transformation-Strategie, Digital- Transformation-Business-Design und Digital-Transformation-Management anzugehen. Diese Tools unterstützen CEOs und den Topmanager, die Digital-Transformation-Roadmap zu entwickeln und die Digital Business Transformation optimal zu bewältigen.

Die Bewältigung der Digital Business Transformation stellt den CEO und die Geschäftsleitung vor große Herausforderungen. Sie müssen in vier Kernbereichen der Digital Business Transformation folgende Themen angehen (Abb. 5.1).

Digital Transformation Awareness wird erreicht durch den Aufbau eines Digital Radar.

Digital-Transformation-Strategie beinhaltet die Gestaltung von Digital Customer Experience und Journey, die Identifikation und den Einsatz von relevanten digitalen Technologien und die Definition einer digitalen Vision und Strategie für das Unternehmen.

Digital-Business-Design umfasst die Gestaltung des digitalen Geschäftsmodells und der digitalen Governance und Leadership.

Digital-Transformation-Management fokussiert auf die Förderung der digitalen Readiness und Kultur sowie der Umsetzung des Transformation-Managements.

Aus dem Adressieren dieser Themen resultiert die **Digital-Business-Transformation-Roadmap**, welche der CEO und die Geschäftsleitung für ihr Unternehmen im Hinterkopf haben.

S. Bergamin et al., *Globalisierung und Digitalisierung*,
https://doi.org/10.1007/978-3-662-61967-4_5

Digital Transformation Awareness

1. Digital Radar aufbauen

Digital Transformation Strategie

2. Digital Customer Experience und Journey gestalten
3. Relevante digitale Technologien identifizieren und einsetzen
4. Digitale Vision und Strategie definieren

Digital Transformation Business Design

5. Digitales Business Modell gestalten
6. Digitale Governance und Leadership definieren

Digital Transformation Management

7. Digitale Readiness und Kultur fördern
8. Transformation Management umsetzen

Abb. 5.1 Digital-Business-Transformation-Roadmap. (Eigene Darstellung)

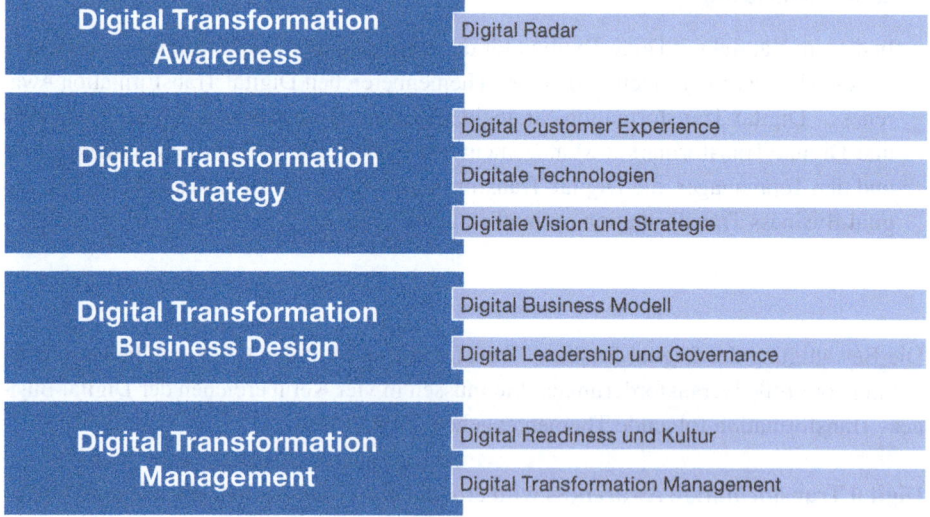

Abb. 5.2 Digital-Business-Transformation-Toolbox für den CEO. (Eigene Darstellung)

In der folgenden Toolbox werden dem CEO und der Geschäftsleitung für die Herausforderungen in den einzelnen Bereichen der Digital Transformation Hilfsmittel und Tools an die Hand gegeben, um die Digital Business Transformation optimal zu bewältigen (Abb. 5.2).

5.1 Digital Radar

Der CEO und die Geschäftsleitung stehen beim Thema „Digital Transformation Awareness" vor einer dreifachen Herausforderung: Erstens müssen sie die für das Unternehmen relevanten disruptiven Kräfte identifizieren, zweitens müssen sie die Implikationen der

Digitalisierung auf das Geschäft verstehen, und drittens müssen sie im Unternehmen eine Kultur der Hyperawareness schaffen.

5.1.1   Erkennen von disruptiven Kräften

Disruption ist häufig die Ursache für das Scheitern von erfolgreichen Firmen, welche jahrelang ihre Branche angeführt haben.[1] Sie scheitern, weil

- sie evolutionäre und disruptive Technologien nicht unterscheiden können,
- sich Technologien schneller als Kundenbedürfnisse entwickeln,
- disruptive Technologien einen anderen Kundennutzen ansprechen.

Abb. 5.3 gibt eine Übersicht über die wichtigsten disruptiven Kräfte für ein Unternehmen, welche der CEO im Auge behalten sollte.

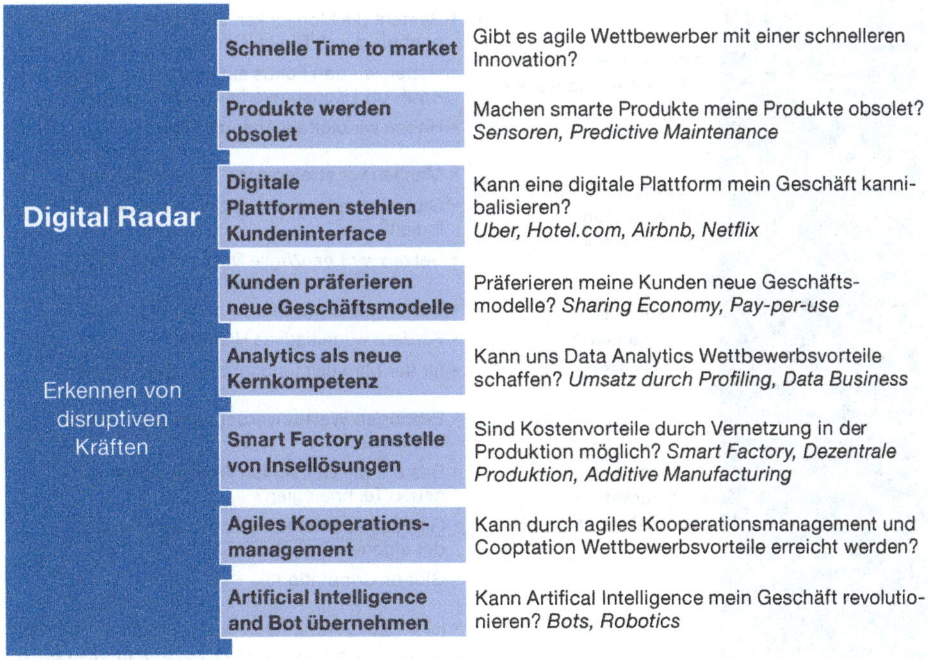

Digital Radar Erkennen von disruptiven Kräften		
	Schnelle Time to market	Gibt es agile Wettbewerber mit einer schnelleren Innovation?
	Produkte werden obsolet	Machen smarte Produkte meine Produkte obsolet? *Sensoren, Predictive Maintenance*
	Digitale Plattformen stehlen Kundeninterface	Kann eine digitale Plattform mein Geschäft kannibalisieren? *Uber, Hotel.com, Airbnb, Netflix*
	Kunden präferieren neue Geschäftsmodelle	Präferieren meine Kunden neue Geschäftsmodelle? *Sharing Economy, Pay-per-use*
	Analytics als neue Kernkompetenz	Kann uns Data Analytics Wettbewerbsvorteile schaffen? *Umsatz durch Profiling, Data Business*
	Smart Factory anstelle von Insellösungen	Sind Kostenvorteile durch Vernetzung in der Produktion möglich? *Smart Factory, Dezentrale Produktion, Additive Manufacturing*
	Agiles Kooperationsmanagement	Kann durch agiles Kooperationsmanagement und Cooptation Wettbewerbsvorteile erreicht werden?
	Artificial Intelligence and Bot übernehmen	Kann Artifical Intelligence mein Geschäft revolutionieren? *Bots, Robotics*

Abb. 5.3   Digital Radar – Erkennen von disruptiven Kräften. (Eigene Darstellung)

---

[1] Christensen: The Innovators Dilemma, 2011.

5.1.2   Erkennen von Implikationen auf das Geschäftsmodell

Bei der Beurteilung der disruptiven Kräfte und beim Erkennen von möglichen Implikationen auf ihr eigenes Geschäft müssen der CEO und die Geschäftsleitung alle Bereiche des Unternehmens im Auge behalten (Abb. 5.4).

5.1.3   Etablieren einer Kultur der Hyperawareness

Um rasch auf disruptive Gefahren als Unternehmen reagieren zu können, muss das Unternehmen die Fähigkeit haben, disruptive Trends wahrzunehmen. Eine Kultur der Hypera-

Abb. 5.4 Digital Radar – Erkennen von Implikationen auf eigenes Geschäftsmodell. (Eigene Darstellung)

wareness ist die Basis für diese Fähigkeit. Ein Unternehmen mit einer solchen Kultur ist in der Lage,[2]

- Information über das interne und externe Geschäftsumfeld von der eigenen Belegschaft zu beschaffen und zu nutzen. Das beinhaltet Erkenntnisse über Kundennutzen von der Verkaufsfront, Ideengenerierung für neue Produkte von Ingenieuren und Beurteilung der Strategie durch Mitarbeiter, welche die Auswirkungen der Strategie täglich erleben. Mit digitalen Tools wie Insight Capture erhalten Mitarbeiter eine Stimme im Unternehmen.
- Sichtbarkeit darüber zu schaffen, wie Mitarbeiter erfolgreich Ziele erreichen.

Ein besseres Verständnis erfolgreicher Geschäftsprozesse ermöglicht die Konzentration auf wertschöpfende Aktivitäten. Hyperawareness ist die Fähigkeit eines Unternehmens, Muster der disruptiven Trends zu erkennen, daraus die richtigen Schlüsse zu ziehen und rasch zu handeln. Dies ist der Schlüssel, um in der digitalen Welt zu überleben.

5.2 Digital Customer Experience und Journey

Das Verstehen des geänderten Kundenverhaltens vom realen in den digitalen Raum stellt CEO und Geschäftsleitung vor eine doppelte Herausforderung: Einerseits müssen sie sicherstellen, dass neben den physischen alle digitalen Kanäle optimal genutzt werden und andererseits das Unternehmen in eine Customer-Centric-Organisation entwickelt wird.

5.2.1 Nutzung der digitalen Kanäle

Um sich erfolgreich gegen neue Wettbewerber zu positionieren, muss das Unternehmen das Kundenerlebnis entlang der gesamten Customer Journey gestalten (Abb. 5.5). Digitale Kanäle werden eingesetzt, um den Kunden bei der Informationsbeschaffung und dem Kaufentscheid zu begleiten, den Kauf abzuwickeln und um den Kunden erfolgreich an das Unternehmen zu binden.

5.2.2 Customer-Centric-Organisation

Die Gestaltung einer Customer-Centric-Organisation ist mehr als der Aufbau von digitalen Kanälen und die Nutzung von Influencern. Sie erfordert Änderungen auf allen Ebenen des Unternehmens. Es ist eine Unternehmenskultur, eine Strategie und eine Philosophie in einem (Abb. 5.6).

---

[2]Global Center for Digital Business Transformation, 2016.

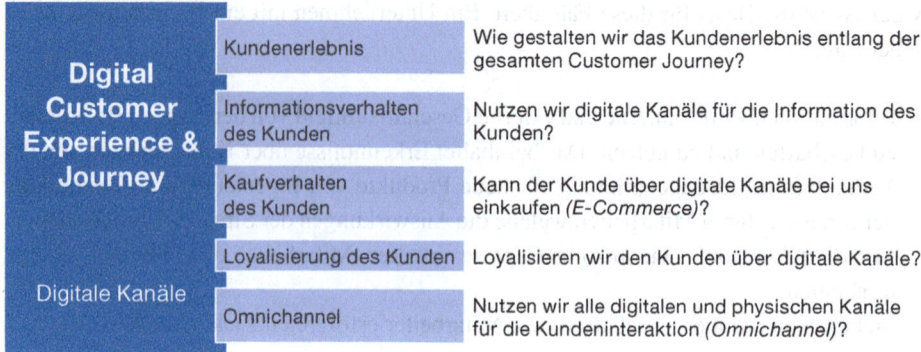

Abb. 5.5 Digital Customer Experience und Journey – digitale Kanäle. (Eigene Darstellung)

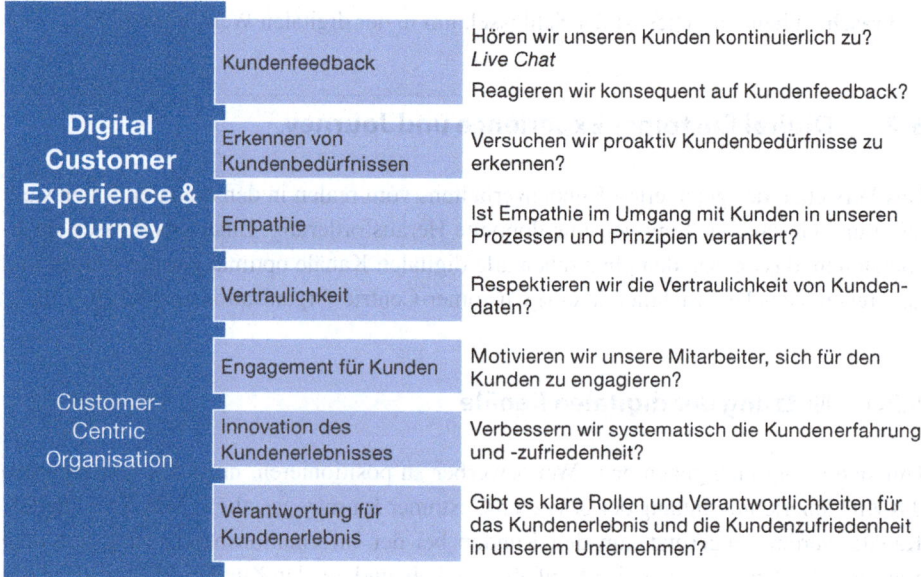

Abb. 5.6 Digital Customer Experience und Journey – Customer-Centric-Organisation. (Eigene Darstellung)

Suthar[3] geht davon aus, dass Customer Experience der wichtigere Wettbewerbsvorteil sein wird als Produkt oder Preis. Eine solche Customer Experience beinhaltet

- Service und Produkt, welcher/s das Kundenproblem löst,
- Service, welcher Kunden glücklich, loyal und zu Werbeträgern in Form von Mundpropaganda macht.

---

[3] Suthar: The 10 Habits of a Customer-Centric Organization in the Age of Digital Business, 2018.

5.3   Digitale Technologien

Die Technologie- und IT-Infrastrukturlandschaft entwickelt sich rasch. CEO und Geschäftsleitung stehen vor der Frage, ob das Unternehmen nicht wichtige Technologietrends verpasst.

Gartner[4] identifiziert jährlich die wichtigsten strategischen Technologietrends, welche
einen Einfluss auf verschiedene Branchen haben und Veränderungen auslösen. Für Gartner ist das übergreifende Thema für 2019 das Netzwerk übergreifender Initiativen: „The
future will be characterized by smart devices delivering increasingly insightful digital services everywhere. We call this the intelligent digital mesh."

Als wichtigste strategische Technologietrends 2019 benennt Gartner:[5]

1. **Autonomous Things**
   Autonome Dinge benutzen künstliche Intelligenz, um Aufgaben zu automatisieren,
   welche bisher von Menschen ausgeführt wurden. Dabei werden fünf Kategorien von
   autonomen Dingen unterschieden: Roboter, Fahrzeuge, Drohnen, Anwendungen und
   Agenten sowie Akteure. Autonome Dinge ersetzen den Menschen nicht, funktionieren
   in einem klar definierten Rahmen aber gut.

2. **Augmented Analytics**
   Data Science und Machine Learning Platforms führen zu einer fundamentalen Veränderung, wie Unternehmen mit Datenanalyse strategische Erkenntnisse generieren können. Laut Gartner werden 2020 40 % aller Data-Science-Aufgaben automatisiert sein.

3. **Development driven by Artificial Intelligence (AI)**
   Im Entwicklungsprozess arbeiten zunehmend Data Scientists mit Applikations-ent-
   wicklern zusammen, um AI-basierte Lösungen zu entwickeln.

4. **Digital Twins**
   Unternehmen beginnen Digital Twins als digitale Darstellung von realen Prozessen
   oder Systemen mit dem Ziel der Optimierung der Produktperformance, der Produkt-
   qualität und Wartung und Steigerung der Effizienz von Prozessen. Der heutige Fokus
   liegt dabei auf dem Internet of Things (IoT).

5. **Empowerment Edge**
   Edge Computing verlagert die Datenbeschaffung, Informationsverarbeitung und -über-
   mittlung zunehmend zu dezentralen Endgeräten. Diese Technologie wird durch die
   Einführung von 5G ermöglicht.

6. **Immersive Experience**
   Virtual Reality, Augmented Reality und Mixed Reality verändern die Wahrnehmung
   der digitalen Welt. Die veränderte Wahrnehmung führt gemeinsam mit neuen Interak-
   tionsmodellen (z. B. Sprachsteuerung, Gestensteuerung im Auto) zu einem neuen Kundenerlebnis.

---

[4] Gartner: Top 10 Strategic Technology Trends for 2019, edited by David W. Cearly.

[5] Gartner: Top 10 Strategic Technology Trends for 2019, edited by David W. Cearly.

7. **Blockchain**

Als dezentrales, sicheres Register verspricht Blockchain, Branchen durch die Schaffung von Vertrauen und Transparenz sowie durch Senkung der Kosten zu revolutionieren.

8. **Smart Spaces**

Die Schaffung von offenen, vernetzten, koordinierten und intelligenten Ökosystemen ermöglicht die physische und digitale Interaktion von Menschen und technologiebasierten Systemen. Beispiele sind Smart Cities, Smart Factories und Smart Workplaces.

9. **Digital Ethics und Privacy**

Mit der wachsenden Verwendung von persönlichen Daten verschiebt sich die Diskussion zunehmend von „Sind wir compliant?" hin zu „Tun wir das Richtige?"

CEO und Geschäftsleitung können sich aufgrund dieser strategischen Technologietrends folgende Fragen stellen (Abb. 5.7).

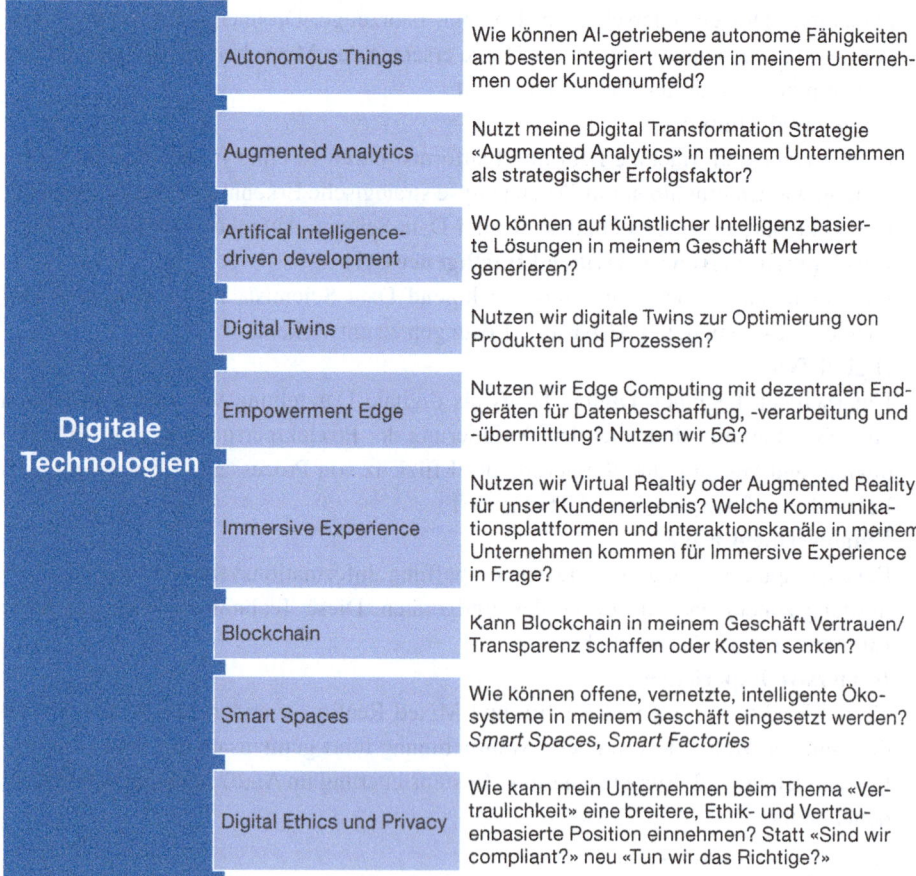

Abb. 5.7 Digitale Technologien. (Eigene Darstellung)

5.4   Digitale Vision und Strategie

Digitale Projekte gibt es in den meisten Unternehmen. Aber welche Themen müssen mit erster Priorität vorangetrieben werden? Wie können die bestehenden Stärken des traditionellen Unternehmens mit einer digitalen Vision als Startpunkt für einen Transformationsprozess verbunden werden?

Der erste Schritt ist die **Entwicklung eines digitalen Zielbildes,** welches **Aussagen zu Sinn und Zweck,** zur **Basis für** das zukünftige **Wachstum** und die zukünftige **Effizienz** macht (Abb. 5.8).

In einem zweiten Schritt legt die Strategie fest, welche digitalen Fähigkeiten für die Verwirklichung des Zielbildes benötigt werden (Abb. 5.9).

Oliver Wyman[6] hat sechs Kernthemen identifiziert, welche digitale Vorreiter von Nachzüglern unterscheiden. Sie bestimmen das Drehbuch für den digitalen Erfolg und müssen in einer digitalen Vision und Strategie enthalten sein (Abb. 5.10).

Führende Unternehmen haben eine klare, über viele Jahre reichende Vorstellung, wie sich ihre Branche entwickeln wird, kennen ihre angestrebte strategische Positionierung und handeln entsprechend bei der Transformation ihres Geschäftsmodells, indem sie

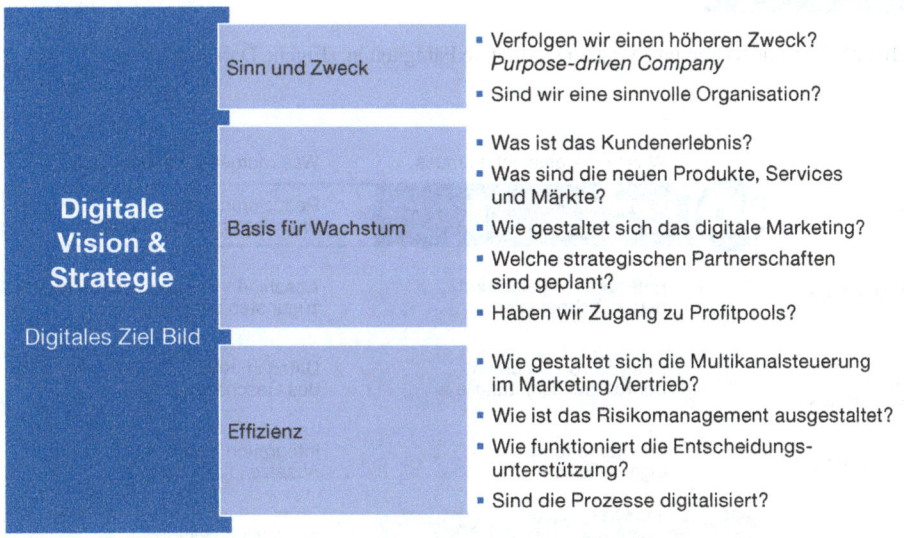

Abb. 5.8 Digitale Vision und Strategie – digitales Zielbild. (Eigene Darstellung)

---

[6] Oliver Wyman Studie: Traditionelle Unternehmen in einer Digitalen Welt – Nachzügler haben das Nachsehen: 2016.

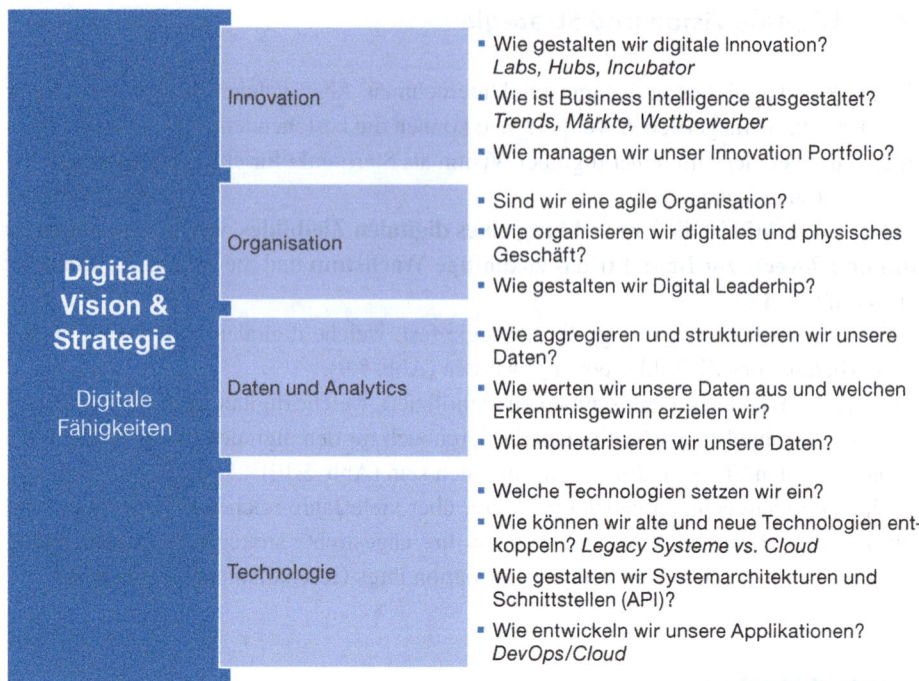

Abb. 5.9 Digitale Vision und Strategie – digitale Fähigkeiten. (Eigene Darstellung)

	Was heute geschehen muss	Was morgen wichtig wird
1/Effizienz	Digitalisierung bestehender Prozesse	Reduzierung des organisatorischen Ballasts
2/Technologie	Entkoppelung alter und neuer Technologien	Abschied von Legacy-Systemen zugunsten der Cloud
3/Daten und Analytics	Analyse von Daten an der Kundenschnittstelle	Daten im Kern des Geschäftsmodells
4/Organisation	Freiräume für das digitale Team	Integration digitaler Ansätze in alle Abläufe
5/Innovation	Offene Innovation	Entwicklung einer Innovations-DNA
6/Wachstum	Infragestellen des eigenen Geschäftsmodells	Das neue überholt das alte Modell

Abb. 5.10 Drehbuch für eine erfolgreiche Digitalisierung etablierter Unternehmen. (Aus Wyman 2016; mit freundlicher Genehmigung von © Wyman 2016. All Rights Reserved) (Oliver Wyman Studie: Traditionelle Unternehmen in einer Digitalen Welt – Nachzügler haben das Nachsehen, 2016)

- bestehende **Prozesse durch digitale Ansätze komplett neu erfinden** und die Komplexität des Backoffice drastisch reduzieren,
- systematisch die **Lieferfähigkeit** ihrer **IT-Systeme** sicherstellen,
- sich **in jedem Geschäftsbereich** mit der **Auswertung und Nutzung von Daten** beschäftigen,
- **Agilität** strukturell und kulturell in ihrer Organisation verankern,
- Möglichkeiten schaffen, innovative Ideen zu entwickeln und zur Marktreife zu bringen,
- basierend auf ihren bestehenden Stärken ein **durchgängig digitales Geschäftsmodell** aufbauen.

5.5   Digitales Businessmodell und agile Organisation

Der CEO und die Geschäftsleitung stehen bei der Gestaltung des Digital-Business-Modells vor einer doppelten Herausforderung: Einerseits müssen sie die Effizienz des Unternehmens steigern, die Kosten senken und die Komplexität reduzieren – „**Exploitation**". Andererseits müssen sie neue Geschäftsmodelle entwickeln, experimentieren und Innovation vorantreiben – „**Exploration**".

Sie stehen dabei im Spannungsfeld zwischen Stabilität und Veränderung. Erfolgreiche Unternehmen schaffen den Spagat zwischen Exploitation und Exploration. Dieses Spannungsfeld nennt man **Ambidextrie**. Das Wort Ambidextrie stammt aus dem Lateinischen und setzt sich aus den Wörtern ambo (beide) und dexter (rechte Hand) zusammen. Damit bedeutet Ambidextrie so viel wie beidhändig.

5.5.1   Digitalisierung des bestehenden Geschäftsmodells „Exploit"

Ein bestehendes Geschäft wird in drei wesentlichen Bereichen digitalisiert (Abb. 5.11).

Prozess Digitalisierung
Der erste Schritt bei der Transformation von Geschäftsprozessen in digitale Prozesse ist der Einsatz von **Business-Automation-Tools**. Die bestehenden fragmentierten Tools und Systeme in einem Unternehmen werden in einer integrierten Softwarelösung zusammengefasst. Eine **Lean-Enterprise-Applikation** kann Daten interpretieren, einzelne Schritte automatisieren und Logikelemente beinhalten.

Die Prozessdigitalisierung wird durch die gegenwärtigen IT-Megatrends wesentlich beschleunigt. Cloud-Technologien über das Internet werden eingesetzt. Mobile Endgeräte (Smartphone, Tablet-PC) werden eingesetzt. Daten werden in Echtzeit ausgewertet (Big Data). Damit wird die Prozesssteuerung optimiert und die Kommunikation mit Kunden, Mitarbeitern oder weiteren Gruppen über Social-Media-Netzwerke verbessert.

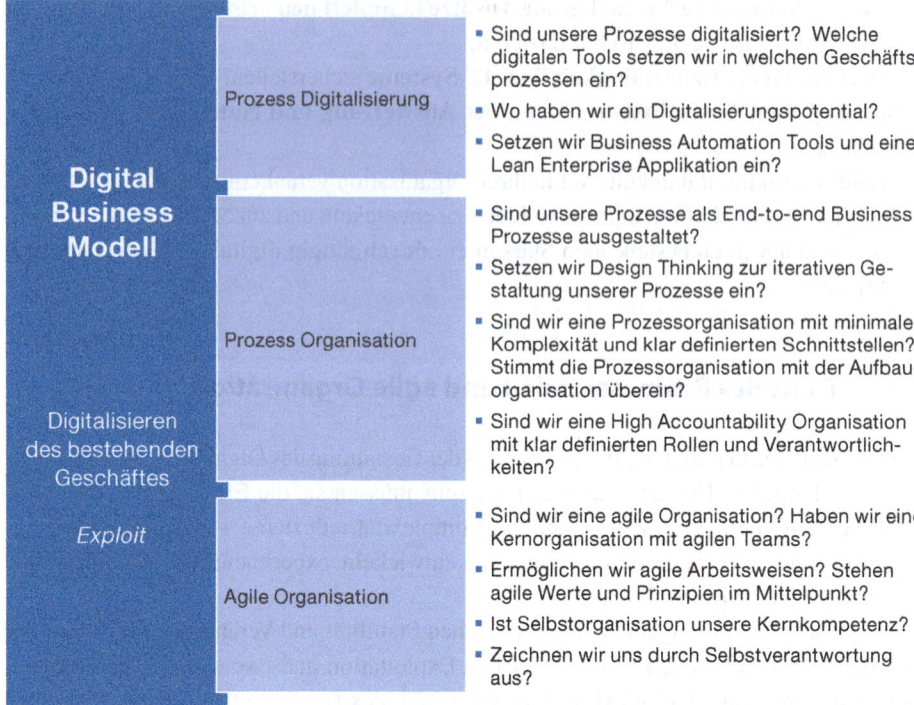

Abb. 5.11 Digital-Business-Modell – Digitalisieren des bestehenden Geschäftsmodells „Exploit". (Eigene Darstellung)

Prozessbasierte Organisation

Neben der Prozessautomatisierung ist die Gestaltung einer prozessbasierten Organisation mit klaren Rollen und Verantwortlichkeiten eine wesentliche Voraussetzung auf dem Weg in Richtung Agilität.

Die Prozesse werden nach der **Design-Thinking**-Methode in einem iterativen Designprozess als **End-to-End-Businessprozesse** gestaltet und dokumentiert. Dabei steht der Kunde im Mittelpunkt. Die Methode orientiert sich konsequent an den Kundenbedürfnissen. Die Dimensionen Technologie und Business werden entsprechend den Kundenbedürfnissen entworfen und implementiert.

Agile Organisation

„Agile Unternehmen sind erfolgreicher am Markt."[7] Eine agile Arbeitsweise ist der bedeutendste Faktor, um den wirtschaftlichen Gesamterfolg eines Unternehmens zu steigern.

Diese Organisationen sind durch agile Teams geprägt. Sie ermöglichen agile Arbeitsweisen. Die von den Mitarbeitenden geteilten Werte und beachteten Prinzipien ermöglichen die Selbstorganisation, welche eine Kernkompetenz einer agilen Organisation ist. Die Kultur zeichnet sich durch Selbstverantwortung aus.

---

[7] Müller: Agile Unternehmen sind erfolgreicher am Markt, NZZ, 13.03.2018.

5.5.2   Entwickeln von disruptiven Geschäftsmodellen „Explore"

In der zweiten Rolle Exploration entwickeln CEO und Geschäftsleitung disruptive digitale Geschäftsmodelle für ihr Geschäft. Dafür findet sich eine Vielzahl von möglichen Formen. Allein der St. Galler Business Model Navigator[8] zeigt 55 digitale Geschäftsmodelle auf.

Hier werden sieben grundsätzliche Typen von disruptiven Geschäftsmodellen mit unterschiedlichen Formen der Monetarisierung unterschieden (Abb. 5.12).

E-Commerce und Plattformgeschäftsmodelle
E-Commerce bezeichnet den elektronischen Handel mit physischen Gütern.
In einem Plattformgeschäftsmodell werden verschiedene Marktakteure miteinander verknüpft (*Google, Amazon*).

Subskription, Longtail- und Lock-in-Geschäftsmodelle
Subscription bezeichnet die Monetarisierung durch das Mitglieder- und Aboprinzip. In einem Longtail-Geschäftsmodell werden statt weniger „Blockbuster"-Artikel massenweise Nischenprodukte für kleine Beträge verkauft (*iTunes, eBay, StepStone*).
Lock-in: Kunden werden – oft im Zuge einer Subskription – an ein Produkt gebunden, indem die Kosten für einen Ausstieg oder Wechsel gesteigert werden (*Apple*).

Sharing-Geschäftsmodelle
Sharing-Geschäftsmodelle funktionieren nach dem Prinzip „Rent instead of buy" (mieten statt kaufen) oder „Pay per use" (Bezahlung für Verbrauch).

User-Designed-Geschäftsmodelle
Bei User-Designed-Geschäftsmodellen wird die kreative Arbeit an Kunden ausgelagert (*Spreadshirt, MYCS, Quirky*).

Free- und Fremium-Geschäftsmodelle
In Free-Geschäftsmodellen ist das Kernprodukt gratis, und Daten, Merchandise etc. werden monetarisiert (*Google, Mobile Game Angry Birds*).
In Freemium-Geschäftsmodellen ist das Basisprodukt gratis und das Vollprodukt kostenpflichtig (*Dropbox, Spotify, LinkedIn, Parship*).

Data-Geschäftsmodell
Im Datengeschäft werden Kundendaten monetarisiert. Die Kundendaten werden mittels Data Analytics dazu verwendet, Kundenbedürfnisse besser zu verstehen und Marktleistungen zu verbessern.

Digital Solution Provider
Das Unternehmen verkauft nicht nur ein Produkt, sondern eine Gesamtlösung wie Smart Systems, Preventive Maintenance, Remote Support, Data Analytics (*Heidelberger*).

---

[8] Gassmann/Frankenberger/Csik: Geschäftsmodelle entwickeln: 55 innovative Konzepte mit dem St. Galler Business Model Navigator, 2017.

Abb. 5.12 Digital-Business-Modell – Entwickeln von disruptiven Geschäftsmodellen „Explore". (Eigene Darstellung)

5.6   Digital Governance und Leadership

Das Führen in einer traditionellen und einer digitalen Organisation unterscheidet sich fundamental.

Im traditionellen hierarchischen Unternehmen ist das Führungsprinzip Kontrolle und Top-down-Kommunikation. Das Ziel war kurzfristige Gewinnmaximierung und Vermeidung von Fehlern.

In digitalen agilen Organisationen ist das Führungsprinzip Vertrauen, Empowerment, offene Kommunikation und Zusammenarbeit. Der Fokus liegt auf Flexibilität, Anpassungsfähigkeit und Innovation. Das übergeordnete Ziel und der langfristige Wert des Unternehmens stehen im Vordergrund.

Das traditionelle Denken und Führen unterscheidet sich radikal vom neuen Denken und Führen aus der Welt der Digitalisierung. In einer grobkörnigen Darstellung können die Unterschiede wie folgt kristallisiert werden (Abb. 5.13).

CEO und Geschäftsleitung müssen beim Thema Digital Leadership und Governance fünf Themenbereiche[9] angehen:

1. **Collaboration** – Wie wird im Netzwerk geführt?
2. **Empowerment** – Wie wird auf Distanz geführt?
3. **Workplace** – Wie wird die gesunde Führung gestaltet?
4. **Leadership** – Wie wird eine Wir- statt Ich-Kultur geschaffen?
5. **Innovation** – Wie werden Innovationsprozesse erfolgreich geführt?

Dabei steht er vor folgenden Fragen (Abb. 5.14).

Abb. 5.13 Traditionelles versus neues Denken. (Eigene Darstellung)

---

[9] Remdisch: Leadership Garage Toolbox für die Führung in der digitalisierten Welt, 2016.

Abb. 5.14 Digital Leadership und Governance. (Eigene Darstellung)

5.7   Digitale Readiness und Kultur

Die digitale Leistungsfähigkeit und die Leistungsbereitschaft der einzelnen Mitarbeiter sind je nach Unternehmen und in einem Unternehmen je nach Bereich unterschiedlich. Ein Start-up-Unternehmen kann gezielt digitale Talente rekrutieren und eine Kultur neu gestalten. Ein traditionelles Unternehmen steht häufig vor einer größeren Herausforderung. Tradierte Werte und eingespielte Organisationsformen können sich als Hürden im Aufbruch zu einer agilen Kultur erweisen.

Es gibt eine Vielzahl von Tools und Methoden zur Überprüfung der digitalen Readiness sowie der agilen Fitness von Mitarbeitenden und von ganzen Unternehmen.

In Anlehnung an den Organisationspsychologen von Rosenstiehl machen Schöler und Fischer die **digitale Fitness** an vier Verhaltensbedingungen fest:[10]

1. das **Kennen/Können**, d. h. die fachlichen/methodischen/sozialen Kompetenzen, um einen wirksamen Beitrag zur Digitalisierung im Unternehmen zu leisten,

---

[10]Rosenstiehl/Nerdinger: Grundlagen der Organisationspsychologie, 2011, in Schöler & Fischer: Digitale Fitness Mitarbeiter, 2019.

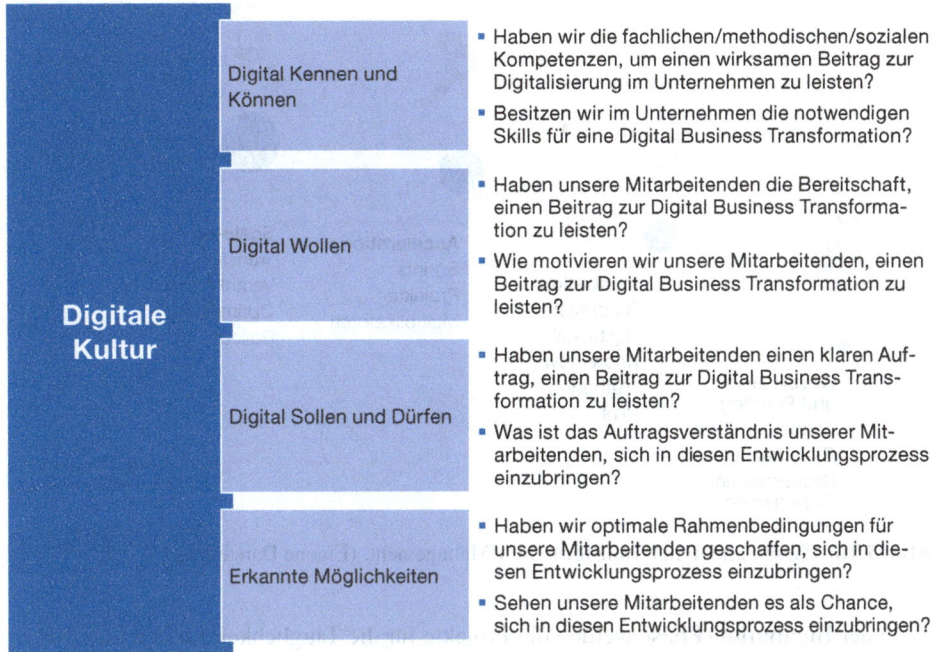

Abb. 5.15 Fragestellungen zur digitalen Kultur. (Eigene Darstellung)

2. das **Wollen**, d. h. die Bereitschaft bzw. Motivation, diesen Beitrag zu leisten,
3. das **wahrgenommene Sollen/Dürfen**, d. h. der erlebte bzw. verstandene Auftrag, sich in diesen Entwicklungsprozess einzubringen,
4. die **erkannten Möglichkeiten**, d. h. Rahmenfaktoren, die es überhaupt erst möglich machen, einen Beitrag leisten zu können.

In Abb. 5.15 zeigen wir die grundsätzlichen Fragen eines CEO zur **digitalen Readiness und Kultur** seines Unternehmens.

5.8   Digital-Transformation-Management

Digitalisierung hat viele Auswirkungen auf Unternehmen. Jeder Weg in der digitalen Transformation ist anders. Aber erfolgreiche Transformationen zeichnen sich durch einige Prinzipien aus, auf welche sich der CEO und die Geschäftsleitung fokussieren können (Abb. 5.16).

In der Startphase **Governance und Funding** muss als Startvoraussetzung die Governance und Verantwortlichkeit für Digital Business Transformation gesichert sein. Der Scope und die Ziele der Digital Business Transformation sind definiert und geeignet, die digitale Strategie umzusetzen. Die Strategie wird in Handlungsfelder übersetzt und nach Wert und Zeit priorisiert. Die geeigneten Ressourcen sind bereitgestellt, die Finanzierung ist gesichert.

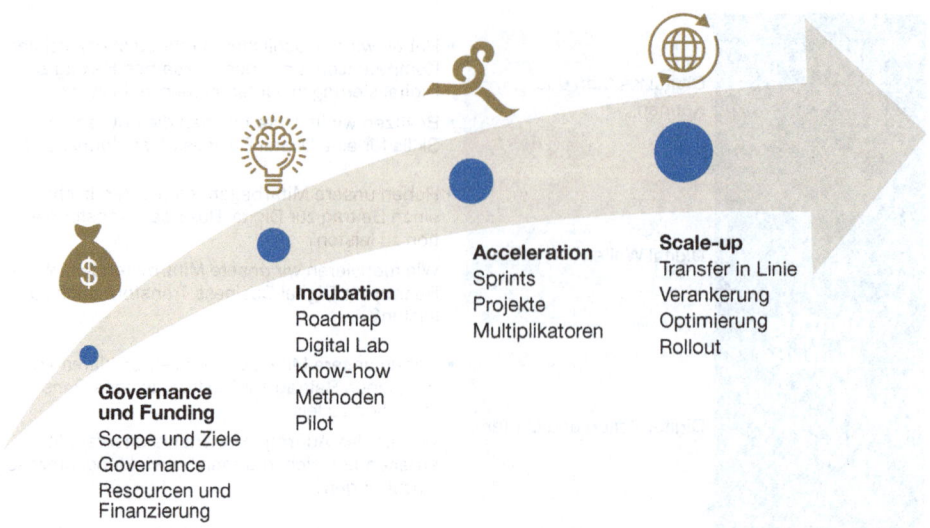

Abb. 5.16 Phasen im Digital-Transformation-Management. (Eigene Darstellung)

In der **Incubation-Phase** werden die Projekte für die Tauglichkeit für den klassischen Ansatz (klar spezifizierbare Ergebnisse) oder für agile Prinzipien (iterative Skalierung) eingeordnet. Der Bedarf nach digitalen Methoden (beispielsweise Design Thinking), Know-how, Technologien und Infrastruktur (beispielsweise Innovation Labs, Inkubatoren, Partner) ist eruiert. Eine Roadmap für die Innovationsprojekte ist erstellt. Die Rollen und Verantwortlichkeiten im Projekt sind festgelegt, und die Schnittstellen von der Projektorganisation zur Linienorganisation sind geklärt.

In der **Acceleration-Phase** werden die digitalen Programme und Projekte mobilisiert. Der Fortschritt und die Wirkung werden gesteuert, das Projektportfolio laufend adjustiert.

In der **Scale-up-Phase** geschieht der Rollout der Ergebnisse der digitalen Projekte und Programme in der gesamten Organisation. Dabei werden das Know-how und der Ergebnistransfer in die Linie sichergestellt und die Ergebnisse in der Kultur verankert.

Mit diesem Vorgehen werden folgende **Resultate** einer **Digital Business Transformation** erreicht:

- Projekte führen die Unternehmung schrittweise in die digitale Zukunft.
- Prozesse sind auf die digitale Strategie ausgerichtet, digitalisiert, lean, aligniert, integriert, standardisiert und harmonisiert.
- Organisationsstrukturen lassen digitale Kompetenzen optimal zur Geltung kommen, bieten gleichzeitig die notwendige Kontrolle und den Freiraum, sind flach und auf das digitale Gesamtoptimum ausgerichtet.
- Instrumente und Systeme sind auf Unterstützung und Nutzung der digitalen Prozesse und Lösungen ausgerichtet.

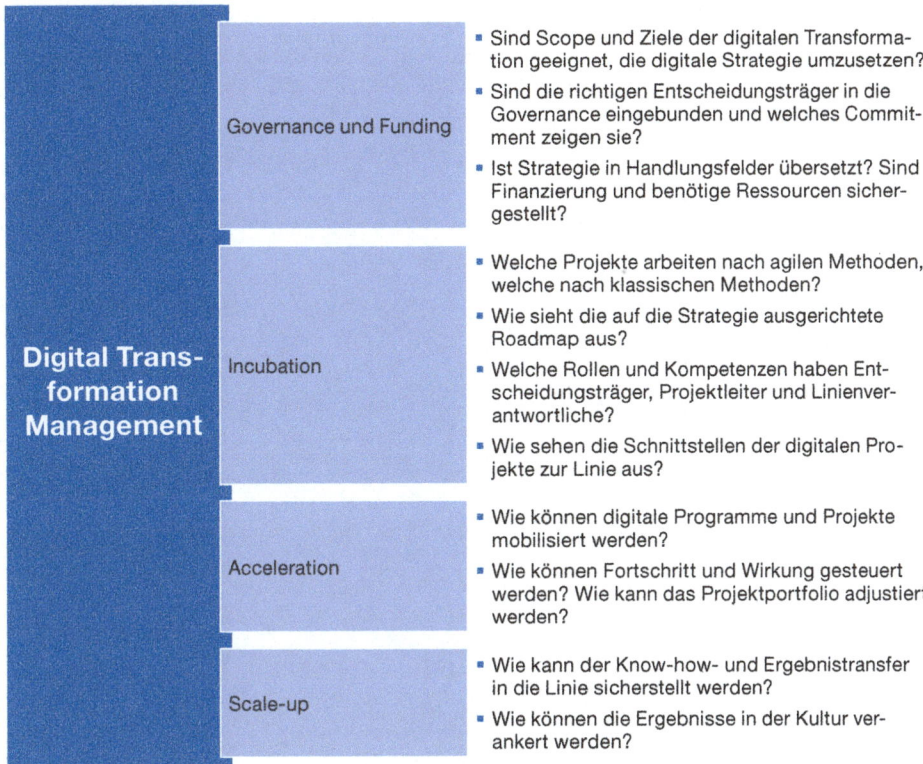

Abb. 5.17 Kritische Erfolgsfaktoren im Digital-Transformation-Management. (Eigene Darstellung)

Mit der Beantwortung folgender Fragen können CEO und Geschäftsleitung sicherstellen, dass das **Digital-Transformation-Management** die **kritischen Erfolgsfaktoren** richtig adressiert und dass es systematisch betrieben wird (Abb. 5.17).

Schlusswort

6

Zusammenfassung

Digitale Geschäftsmodelle stiften Kundennutzen in Sachen Convenience und Preistransparenz. Besonders exponiert im digitalen Wettbewerb sind geschützte analoge Lieferketten mit relativ hohen Margen. Die Marktteilnehmer in diesen Branchen sind versucht, die digitalen Trends relativ lange abzuwehren, um die bewährten Geschäftsmodelle als Cashcows weiter zu betreiben. Doch gerade analoge oder halb digitale margenträchtige Geschäftsmodelle bieten Angriffspotenzial für die digitalen Nightmare Competitors.

Die Erkenntnisse aus den untersuchten Praxisbeispielen und die Erfahrung der Autoren aus Praxis und Forschung werden genutzt, um eine Roadmap in acht Schritten für die Digital Business Transformation für traditionelle Unternehmen vorzuschlagen.

Unternehmen in fast allen Branchen erforschen digitale Technologien, um ihre Vorteile zu nutzen. Dies ist häufig mit Veränderungen wichtiger Geschäftsabläufe verbunden und betrifft sowohl Produkte, Services und Prozesse als auch Organisationsstrukturen und Managementkonzepte. Unternehmen müssen Managementpraktiken etablieren, um diese komplexen Transformationen zu steuern.

Digitale Technologien und entsprechendes Nutzer- und Kundenverhalten bilden die Grundlage für neue Geschäftsmodelle. In einige Branchen wie im Buchhandel, im Reisevermittlungsgeschäft oder im Kleiderhandel ist die digitale Transformation bereits weit fortgeschritten. In anderen Branchen wie in der Finanzindustrie oder im Gesundheitswesen werden die digitalen Geschäftsmodelle jetzt erprobt und implementiert.

Heute treffen traditionelle Unternehmen in allen Wirtschaftssektoren auf neue digitale Wettbewerber, die ihr Angebot auf eine bestimmte Zielgruppe zuschneiden können. Während etablierte Unternehmen mit langjährigem Kundenverständnis und überragendem Produktions-, Service und Forschungs-Know-how punkten, greifen neue digitale Anbieter in der Regel die profitabelsten Produkt- und Dienstleistungsangebote an. Traditionelle Unternehmen sind gefordert, sich mit Fragen wie der agilen Organisation, der möglichen Kannibalisierung ihres analog geprägten Geschäftsmodells und der App-kompatiblen Weiterentwicklung der bestehenden IT-Systeme auseinanderzusetzen.

In diesem Buch stellten wir neun Unternehmen vor, wie diese den digitalen Transformationsprozess in ihren jeweiligen Branchen meistern. Anhand dieser Erkenntnisse und aufgrund unserer langjährigen Erfahrung in Praxis und Forschung entwickelten wir die zwei Managementinstrumente „Digital-Business-Transformation-Matrix" und die „Digital-Business-Transformation-Toolbox in acht Schritten". Diese Instrumente unterstützen das Management, den digitalen Transformationsprozess sowohl explorativ als auch umsichtig anzugehen.

Eine digitale Branchentransformation erfolgt nicht graduell, sondern disruptiv. Eine digitale Branchentransformation wird vom Kunden am Startpunkt der Wertschöpfungskette eingeleitet. Es sind die Kunden, die sich über Social Media und auf E-Plattformen austauschen. Die Kunden schätzen die digitale Transparenz, die bild- und weniger wortgeprägte Kommunikation und die Vernetzung. Die Kunden erheben die 24/7-Verfügbarkeit von Produkten und Dienstleistungen zum Servicestandard.

In der Zeit zwischen der Recherche für dieses Buch und dem Druck des Buches brach die Corona-Pandemie aus. Die digitalen Trends werden sich bei der Bewältigung dieser Krise verstärken. Die virtuellen Kommunikationsmöglichkeiten werden weltweit generationenübergreifend in einem Umfang genutzt, der bis vor Kurzem undenkbar war. Der Online-Handel und kontaktloses Zahlen erleben einen Boom, der sich schon seit Längerem abzeichnet, aber jetzt noch zusätzlichen Schub erhält.

Digitale Geschäftsmodelle schaffen Kundennutzen in Form von Convenience und Preistransparenz. Besonders exponiert sind geschützte analoge Lieferketten mit relativ hohen Margen. Die Marktteilnehmer in diesen Branchen sind versucht, relativ lange die digitalen Trends abzuwehren, um die bewährten Geschäftsmodelle als Cashcows weiter zu betreiben. Doch gerade analoge oder halb digitale margenträchtige Geschäftsmodelle bieten Angriffspotenzial für die Nightmare Competitors.

Die aufstrebende und standardsetzende Millenniumgeneration orientiert sich auf anderen digitalen Kanälen und auf Social Media. Die Entscheidungsträger in einer traditionellen Unternehmung sind meist Vorgänger der Millenniumgeneration. So wird auf der Führungsstufe die Wucht des digital veränderten Kunden- und Mitarbeitendenverhaltens vielfach unterschätzt oder erst spät erkannt. Es braucht zwar eine relativ lange Anlauf- und Experimentierphase, bis sich die digitalen Geschäftsmodelle durchsetzen. Aber die digitalen Skalierungsmöglichkeiten sind sowohl atemberaubend für die erfolgreichen First Mover wie auch gefährlich für die Late Comer. Die Interviews belegen die Tatsache, dass eine digitale Geschäftstransformation immer eine gewisse Kannibalisierung des bestehenden Geschäftsmodells bedingt.

Junge Unternehmen übernehmen die agilen Organisationsansätze und agile Produktentwicklungsmethoden schneller und natürlicher als traditionelle Unternehmen. Es ist eine zentrale und anspruchsvolle Führungsaufgabe in einem traditionellen Unternehmen, zuvor erfolgreiche Strukturen infrage zu stellen und zu flexibilisieren.

Die Erkenntnisse aus den untersuchten Praxisbeispielen und unsere Erfahrung aus Praxis und Forschung nutzen wir, um acht wesentliche Schritte für die Digital Business Transformation für traditionelle Unternehmen vorzuschlagen. Wir gelangten zu folgenden Erkenntnissen:

- Die kulturellen und organisatorischen Voraussetzungen sind entscheidend für eine erfolgreiche Digital Business Transformation. Entscheidend sind Hyperawareness für digitale Technologien und Kundentrends, der Aufbau agiler Organisationen und ein chancenorientierter Strategieprozess.
- Die fokussierte, vertikal integrierte Wertschöpfungskette bis hin zum Kunden und weniger die branchenübergreifende Diversifikation sichert den Erfolg, wie die digital geprägten Geschäftsmodelle im Luxusuhrendetailhandel sowie in der Logistik mit Point-to-Point-Dienstleistungen bis zum Endkunden (Contract Logistics) zeigen.
- Digitale Geschäftsmodelle müssen konsequent vom Kunden gedacht werden. Die digitale Transformation einzelner analoger Prozessschritte innerhalb der Wertschöpfungskette reicht nicht. So reicht die digitale Transformation des Backoffice in der Finanzindustrie nicht aus. Es braucht die radikale Neuorientierung der digitalen Finanzdienstleistungen für den Endkunden.
- Online- und Offline-Präsenz ist oft nicht ein Entweder-oder, sondern ein Sowohl-als-auch.
- Digitalisierung hat das Potenzial, traditionelle Industriesektoren infrage zu stellen. Detaillisten werden zum Beispiel zu Logistikprofis.
- „Make-or-join"-Strategien evaluieren: Die Investitionen in die digitale Transformation eines analogen Geschäftsmodells sind enorm. Internationale Skalierungsmöglichkeiten werden unter Umständen besser mit einem strategischen Partner angegangen, der bereits über digitale Kompetenzen und allenfalls internationale Marktanteile verfügt. Standards nutzen ist oft besser als Eigenlösungen, um den Speed-to-market sicherzustellen.
- Kleine Nischenanbieter mit globalem Reach können dank ihrer Kernkompetenzen auch aus einem kleinräumigen Heimmarkt auf dem internationalen Parkett erfolgreich sein. Hier bieten insbesondere digitale Plattformlösungen neues Potenzial für einen globalen Reach. Die Digitalisierung schafft auch Möglichkeiten für Nischenplayer: globaler Reach dank klar fokussierter Kompetenz.

Die digitale Transformation in einer traditionellen Unternehmung beginnt mit einem Kulturprozess. Es braucht visionäre Führungskräfte und einen mutigen Führungsstil, welche Akzeptanz und Motivation der Mitarbeitenden fördern und gewinnen. Talente mit digitalem Wissen und Können müssen bewährte Fach- und Führungskräfte ergänzen. Für ein traditionelles Unternehmen geht es nicht um ein All-in. In bereits digitalisierten Branchen wie Buchhandel, Reisegeschäft oder Kleiderhandel zeigt sich, dass neben den digitalen 7/24-Serviceleistungen auch die persönliche Beratung und der persönliche Kundenkontakt zählen. Aber vollständig analoge Geschäftsmodelle verschwinden zusehends. Ersetzt werden diese durch hybride Geschäftsmodelle, wo sich digitale und analoge Leistungen für ein neues Kundenerlebnis ergänzen. Diese neue Balance und das effiziente und ergänzende Zusammenspiel der digitalen und analogen Angebote machen den zukünftigen Geschäftserfolg aus. Hier liegen die Chancen für traditionelle Unternehmen.

Glossar

Agiles Projektmanagement Agiles Projektmanagement bezeichnet Vorgehensweisen, bei denen das Projektteam über hohe Toleranzen bezüglich Qualität, Umfang, Zeit und Kosten verfügt und eine sehr hohe Mitwirkung des Auftraggebers bei der Erstellung des Werks erforderlich ist. Charakteristisch für agiles Projektmanagement ist die Fokussierung auf das zu liefernde Werk und die Akzeptanz durch die Anwender. Hingegen werden geschäftliche Anforderungen, wie z. B. die Termintreue, Kostentreue oder Erfüllung eines spezifizierten Leistungsumfangs, weniger oder nicht berücksichtigt.

Agile Organisation Agile kundenorientierte Organisationen sind geprägt von Netzwerkstrukturen statt von Hierarchien. Der Fokus liegt auf der teambasierten Ablauforganisation statt auf der nichtwertschöpfenden Aufbauorganisation.

App App bezeichnet eine Anwendungssoftware für Endkunden, welche für Mobilgeräte beziehungsweise mobile Betriebssysteme konzipiert ist. Im deutschen Sprachraum wird App oft mit Anwendungssoftware für Smartphones und Tablets gleichgesetzt. App ist die Kurzform von Mobile App sowie die Kurzform des Fachbegriffs Applikation.

Blitzscaling Blitzscaling sind Praktiken, die exponentielles Wachstum ermöglichen; ein beschleunigter Weg im Lebenszyklus eines Start-ups, in dem der größte Wert geschaffen wird. Geschwindigkeit wird vor Effizienz in einem Umfeld der Unsicherheit priorisiert. Es ermöglicht einem Unternehmen in einem rasanten Tempo, das den Markt erobert, von „Start-up" zu „Scale-up" zu wechseln.

Customer Journey Costumer Journey ist ein Begriff aus dem Marketing und bezeichnet die einzelnen Zyklen, die ein Kunde durchläuft, bevor er sich für den Kauf eines Produktes entscheidet.

Design Thinking Design Thinking ist ein Ansatz, der zum Lösen von Problemen und zur Entwicklung neuer Ideen führen soll. Ziel ist dabei, Lösungen zu finden, die aus Anwendersicht (Nutzersicht) überzeugend sind.

Digital Business Transformation Damit wird die digitale Transformation von Geschäftsmodellen bezeichnet. Unternehmen in fast allen Branchen erforschen digitale Technologien, um ihre Vorteile zu nutzen. Dies ist häufig mit Veränderungen wichtiger

Geschäftsabläufe verbunden und betrifft sowohl Produkte, Services und Prozesse als auch Organisationsstrukturen und Managementkonzepte. Unternehmen müssen Managementpraktiken etablieren, um diese komplexen Transformationen zu steuern.

Digitales Ökosystem Im wirtschaftlichen Kontext bezeichnet ein Ökosystem das Zusammenspiel mehrerer Akteure mit dem Ziel, eine gemeinsame Wertschöpfung zu betreiben. Im Zentrum eines digitalen Ökosystems steht der Anbieter einer Plattform, auf der Drittanbieter ihre Online-Produkte platzieren und Kunden nachfragen können. Digitale Ökosysteme verändern Wertschöpfungsketten im Vergleich zu analogen Geschäftsmodellen.

Digitale Plattform Eine digitale Plattform verfügt über hohes Potenzial für neue Geschäftsmöglichkeiten. Eine digitale Plattform schaltet vielfach den Zwischenhandel in der Wertschöpfungskette aus. Über eine digitale Plattform werden online Produkt- und Serviceangebote direkt den Kunden vermittelt. Ein zentrales Kriterium für erfolgreiche Plattformen ist die optimale Offenheit für Nutzer.

Digitalisierung Der Begriff Digitalisierung bezeichnet ursprünglich das Umwandeln von analogen Werten in digitale Formate. Die so gewonnenen Daten lassen sich informationstechnisch verarbeiten, ein Prinzip, das allen Erscheinungsformen im Wirtschafts-, Gesellschafts-, Arbeits- und Privatleben zugrunde liegt.

ERP ERP ist die Abkürzung für Enterprise Resource Planning. ERP-Systeme sind betriebswirtschaftliche Softwarelösungen zur Steuerung von Geschäftsprozessen. Mit ihnen werden betriebliche Ressourcen wie Kapital, Personal oder Produktionsmittel bestmöglich gesteuert und verwaltet.

Fokussierung Eine klare Positionierung eines Geschäfts auf zum Beispiel wachstumsstarke und/oder renditestarke Geschäftsbereiche.

Globalisierung Der Begriff Globalisierung bezeichnet den Vorgang, dass weltweite Verflechtungen in vielen Bereichen (Wirtschaft, Politik, Kultur, Umwelt, Kommunikation) zunehmen, und zwar zwischen Individuen, Gesellschaften, Institutionen und Staaten.

Internet of Things (IoT) Bei IoT geht es um die Vernetzung von Objekten über das Internet, wie beispielsweise Industriemaschinen, Autos, Heizungen und Waschmaschinen. Durch diese Vernetzung und die immer größere Verbreitung von Sensoren in den (Alltags-)Objekten entsteht eine Vielzahl intelligenter Gegenstände.

Legacy-System Damit wird in der Informatik eine etablierte, historisch gewachsene Anwendung im Bereich Unternehmenssoftware bezeichnet. Ein Legacy-System ist vielfach eine großrechnerbasierte Individualentwicklung, die sich oft durch unzureichende Dokumentation, veraltete Betriebs- und Entwicklungsumgebung, zahlreiche Schnittstellen und hohe Komplexität auszeichnet. Grundsätzliches Problem bei der Ablösung von Legacy-Systemen durch moderne Standardsoftware und Apps ist der gewachsene Funktionsumfang.

Make or Join Strategy Digitale Strategien fordern hohe Investitionen sowohl in die Marktentwicklung als auch in neue Technologien. Ein digitaler Strategieentscheid muss die Konkurrenzsituation berücksichtigen. Es kann sich für ein traditionelles Unternehmen lohnen, mit einem digitalen Marktführer zu kooperieren, um einerseits die Investitionen zu begrenzen und andererseits den schnellen Scale-up zu erreichen.

Nightmare Competitors Wettbewerber mit disruptiven Innovationen, die das Potenzial haben, ganze Branchen fundamental zu verändern. Nightmare Competitors können, sind es aber nicht in jedem Fall, Pure-Player sein. Internet-Pure-Player sind Online-Händler, die Produkte ausschließlich online im elektronischen Handel anbieten.

Parahotellerie Die Parahotellerie als Teil des Beherbergungsgewerbes beinhaltet alle Unterkunftsmöglichkeiten, die Übernachtungen anbieten, aber kein Hotel sind (z. B. Privatquartiere, Gruppenunterkünfte, Campingplätze). Sie ist meist günstiger als die traditionelle Hotellerie und mit weniger oder gar keinem Service ausgestattet.

Skalierung Ein Start-up erreicht zum Beispiel innerhalb kurzer Zeit eine große Nachfrage und verfügt somit über ein gutes Wachstumspotenzial.

Serendipity Serendipity bezeichnet eine zufällige Beobachtung von etwas ursprünglich nicht Gesuchtem, die sich als neue und überraschende Entdeckung erweist.

Sharing Economy (Share Economy) Sharing Economy ist ein Sammelbegriff für Firmen, Geschäftsmodelle, Plattformen, Online- und Offline-Communitys und Praktiken, die eine geteilte Nutzung von ganz oder teilweise ungenutzten Ressourcen ermöglichen.

Social Media Social Media sind digitale Medien, die es Nutzern ermöglichen, sich im Internet zu vernetzen. Die Nutzer können sich untereinander oder in Gruppen austauschen.

Literatur

Ashkenas Ron: We still don't know the difference between Change-Management and Transformation, Harvard Business Review, 2015

BAK Economic Intelligence: Tourismus Benchmarking – Die grössten Schweizer Städte im internationalen Vergleich, Oktober 2019

Bergamin Stephan, Braun Markus: M&A – Erfolg dank Integrationsmanagement, Verlag Neue Zürcher Zeitung, 2015

Bergamin Stephan, Braun Markus: Mergers and Acquisitions, Integration and Transformation Management as the Gateway to Success, Springer Verlag, 2018

Bernath Mara: Tourismus auf der Intensivstation, Finanz und Wirtschaft, 23.05.2020

Blohm Ivo: How to build a data-driven Organization, Universität St. Gallen, 2019

Braun Markus: Smartphone-Banking in der Schweiz, Umfrage mit 262 Teilnehmern, ZHAW School of Management and Law, 2019

Braun Markus und Graf Florian: M&A am Schnittpunkt digitaler und globaler Wechselwirkung, Finanz und Wirtschaft, 23.08.2019, www.fuw.ch/article/ma-am-schnittpunkt-digitaler-und-globaler-wechselwirkung/, abgerufen am 20.11.2019

Bulcke Paul: Wir warten nicht, bis uns Steuern angedroht werden, Handelszeitung, 08.04.2018, S. 27

Christensen Clayton M.: The Innovators Dilemma, 2011

Cisco: Digital Business Transformation by Cisco, 2017

Couto Vinjay, Plasnsky John, Caglar Deniz: Fit for Growth, a Guide to Strategic Cost Cutting, Restructurting, and Renewal, Wiley, 2017

Credit Suisse Studie: Retail Outlook 2019, www.credit-suisse.com/ch/de/unternehmen/unternehmen-unternehmer/aktuell/schweizer-detailhandel-ist-keine-insel-wettbewerbsdruck-nimmt-zu.html, Studie veröffentlicht am 08.01.2019, abgerufen am 31.01.2019

Deloitte AG: The Deloitte Swiss Watch Industry Study 2017 – it is all about digital, 01.07.2017, https://www2.deloitte.com/content/dam/Deloitte/ch/Documents/consumer-business/ch-en-swiss-watch-industry-study-2017.pdf, abgerufen am 15.10.2019

Dial Minter, Storkey Caleb: Futureproof, How to get your Business ready for the next Disruption, Financial Times Publishing, 2017

Eisenring Christoph: Digitaler Hub für den Handel, Neue Zürcher Zeitung, 02.11.2019

Enz Werner: Der dänische Konzern DSV schnappt sich Panalpina, Neue Zürcher Zeitung, 01.04.2019, www.nzz.ch/wirtschaft/dsv-uebernimmt-panalpina-ld.1471640, abgerufen am 20.02.2020

Florian Veronica: Die Erfolgsfaktoren für Ihre Digitalisierungsstrategie, 05.04.2017, https://blog.doubleslash.de/die-erfolgsfaktoren-fuer-ihre-digitalisierungsstrategie/, abgerufen am 13.09.2019

Frankenberger Karolin: Mit Geschäftsmodell-Innovationen den Wandel meistern, Web Chat, Universität St. Gallen, 20.08.2018

Gassmann Oliver, Frankenberger Karolin, Csik Michael: Geschäftsmodelle entwickeln: 55 innovative Konzepte mit dem St. Galler Business Model Navigator, 2017

Gartner: Top 10 Strategic Technology Trends for 2019, edited by David W. Cearly

Glaus Bruno: Umfrage bei 128 Schweizer Führungskräften in Fischer Bernhard: Globale Verbindung, Handelszeitung, 20. Mai 2020, S. 6

Global Center for Digital Business Transformation, 2016

Göpfert Yvonne: Europas erster digitaler Mietmarkt für Baumaschinen, Digital Leader Awad 2016 – Zeppelin, 31.07.2016, www.computerwoche.de/a/europas-erster-digitaler-mietmarkt-fuer-baumaschinen,3312514, abgerufen am 22.05.2020

Graf Florian: The Consolidation Trend in the Luxury Watch Retail Industry, Taking the Bucherer Group as an Example, Masterthesis, ZHAW School of Management and Law, Winterthur, 2018

Gratwohl Natalie: Wie der digitale Wandel das Geschäft der grossen Personaldienstleister umkrempelt, Neue Zürcher Zeitung, 22.09.2017

GSMA Intelligence, Statista 2019, https://de.statista.com/statistik/daten/studie/312258/umfrage/weltweiter-bestand-an-smartphones/, abgerufen am 31.01.2019

Hagemann Snabe Jim: Handelszeitung, 2018

Heim Michael: Revolut hat plötzlich massiv mehr Kunden in der Schweiz, Handelszeitung, 14.10.2019, www.handelszeitung.ch/unternehmen/revolut-hat-plotzlich-massiv-mehr-kunden-der-schweiz, abgerufen am 15.11.2019

Höllerich Johannes, Fehr Robert: Digitalisierung am Beispiel der Zürcher Kantonalbank, in: Uhl Axel, Loretan Stephan (Hrsg.): Die Bedeutung der digitalen Transformation für Schweizer KMU's, Springer Fachmedien Wiesbaden GmbH, 2019

IMD World Competitiveness Ranking 2018, www.imd.org/de-de/reflection-in-german/world-competitiveness-rangliste-2018/, abgerufen am 30.10.2019

Innovation Masters, History's best examples of business transformation, Gale Cengage Learning, 2012

Jung Reinhard: From Digitization to Ecosystems, 18.06.2019

Kreutzer Ralph T., Neugebauer Tim, Pattloch Annette: Digital Business Leadership, SpringerGabler, Berlin, 2017

Kübler Ann-Kathrin: Was bei Siroop schief lief und was Galaxus besser macht, Werbewoche, 21.06.2018, www.werbewoche.ch/digital/2018-06-21/was-bei-siroop-schief-lief-und-was-galaxus-besser-macht, abgerufen am 18.05.2020

Linz Carsten, Müller-Stewens Günter, Zimmermann Alexander: Radical Business Model Transformation, Gaining competitive edge in a disruptive world, Kogan Page, London, 2017

Martel Andrea: Bucherer kauft den grössten US-Luxusuhrenhändler, Neue Zürcher Zeitung, 31.01.2018

Matzler Kurt, Bailom Franz, von den Eichen Stephan Friedrich, Anschober Markus: Digital Disruption, Wie Sie Ihr Unternehmen auf das digitale Zeitalter vorbereiten, Verlag Franz Vahlen München, 2016

Müller Tobias: Agile Unternehmen sind erfolgreicher am Markt, Neue Zürcher Zeitung, 13.03.2018

Oliver Wyman Untersuchung: Traditionelle Unternehmen in einer Digitalen Welt – Nachzügler haben das Nachsehen, 2016

Peter Marc K.: KMU-Transformation, 2017

PWC Schweiz: Shifting Patterns, the Future of Logistics Industry, 2017

PwC Strategy&: Fit for Growth – Der Leitfaden zur erfolgreichen Unternehmenstransformation, 2015, https://www.strategyand.pwc.com/gx/en/unique-solutions/fit-for-growth/img-fit-for-growth-framework930x540.jpg, abgerufen am 03.06.2020

Remdisch Sabine: Leadership Garage Toolbox für die Führung in der digitalisierten Welt, 2016

Rosenstiehl Lutz, Nerdinger Friedemann W.: Grundlagen der Organisationspsychologie, 2011 in: Schöler & Fischer, Digitale Fitness Mitarbeiter, 2019

Rütti Nicole: Die Swatch Group hat ein grösseres Problem, Neue Zürcher Zeitung, 30.01.2020, www.nzz.ch/wirtschaft/swatch-hat-2019-unter-den-unruhen-in-hongkong-gelitten-ld.1537414, abgerufen am 05.03.2020

Schilliger Pirmin: Agiles Fussvolk, Handelszeitung, 13.06.2019

Schöler & Fischer: Digital Readiness Check, 2017, www.digital-readiness-check.com, abgerufen am 10.02.2020

Schweizerische Post: Geschäftsbericht 2018, https://geschaeftsbericht.post.ch/18/ar/app/uploads/ DE_Post_Geschaeftsbericht_2018.pdf, abgerufen am 28.03.2020

Seestatt Experts: Covid-19, Fields of Action from the Perspective of Swiss CEOs, 14.05.2020, https://seestattexperts.ch/2020/05/12/seestattexperts-announcement/, abgerufen am 25.05.2020

Speiser Marcel: Richemont kauft Watchfinder: Kleiner Deal, grosse Bedeutung, Handelszeitung, 04.06.2018

Strategy Analytics: Apple Watch outsells entire Swiss Watch Industry, https://news.strategyana-lytics.com/press-release/devices/strategy-analytics-apple-watch-outsells-entire-swiss-watch-in-dustry-2019, abgerufen am 09.02.2020

Straubhaar Thomas: Globalisierung ändert ihr Gesicht, Finanz & Wirtschaft, 02.03.2019, S. 3

Suthar Sam: The 10 Habits of a Customer-Centric Organizations in the Age of Digital Business, 2018

Uhl Axel, Gollenia Lars Alexander: A Handbook of Business Transformation Management Metho-dology, Gower, 2012

University of St. Gallen, Institut of Management, Synergies versus Autonomy: Management of Lu-xury Brands at Richemont, 2013, www.alexandria.unisg.ch/234289/1/13_Synergies%20ver-sus%20Autonomy.pdf, abgerufen am 25.11.2018

VSV Verband des Schweizerischen Versandhandels/GFK Growth from Knowledge, Studie März 2020, https://www.vsv-versandhandel.ch/wp-content/uploads/2020/05/Online-und-Versandhan-delsmarkt-Schweiz-2019-für-Medien-1.pdf, abgerufen am 09.06.2020

VSV Verband des Schweizerischen Versandhandels, Medienmitteilung, 28.02.2020, https://www. vsv-versandhandel.ch/wp-content/uploads/2019/02/DE-2019.02.28.Medienmitteilung_VSV-GfK_Online_und_Versandhandel-Sperrfrist.pdf, abgerufen am 09.06.2020

Wachsman Barry, Stutzman Chris: Connected by Design, 7 Principles of Business Transformation Through Functional Integration, Jossey-Bass, 2014

WEF Ranking: NZZ, Die Schweiz stürzt vom Podest, 17.10.2018. Verfügbar unter: www.nzz.ch/ wirtschaft/die-schweiz-ist-weniger-wettbewerbsfaehig-als-bisher-angenommen-angeb-lich-ld.1428508, abgerufen am 30.09.2019

Weissman Arnold, Wegerer Stephan: Digitaler Wandel im Familienunternehmen, Campus Ver-lag, 2018

Westerman George, Bonnet Didier, McAffee Andrew: Leading Digital, Turning Technology into Business Transformation, Harvard Business Press, 2014

Wyman Oliver Untersuchung: Traditionelle Unternehmen in einer Digitalen Welt – Nachzügler ha-ben das Nachsehen, 2016

Ziegler Suzanne, Braun Markus: Banking Transactions in Switzerland and China, ZHAW School of Management and Law, publiziert bei Swiss-Chinese Chamber of Commerce, 2018, https://doi. org/10.21256/zhaw-1423, abgerufen am 15.10.2019